假如历史是首诗

藏在古诗词里的盛唐史

刘应 刘威 著

山东科学技术出版社
·济南·

图书在版编目（CIP）数据

藏在古诗词里的盛唐史 / 刘应，刘威著．-- 济南：山东科学技术出版社，2022.7
（假如历史是首诗）
ISBN 978-7-5723-1203-8

Ⅰ．①藏… Ⅱ．①刘… ②刘… Ⅲ．①古典诗歌－中国－中小学－教学参考资料 Ⅳ．① G634.303

中国版本图书馆 CIP 数据核字 (2022) 第 064128 号

藏在古诗词里的盛唐史
CANGZAI GUSHICI LI DE SHENGTANG SHI

责任编辑：张丽炜 孙 佳
装帧设计：孙 佳

主管单位：山东出版传媒股份有限公司
出 版 者：山东科学技术出版社
地址：济南市市中区舜耕路 517 号
邮编：250003 电话：（0531）82098088
网址：www.lkj.com.cn
电子邮件：sdkj@sdcbcm.com
发 行 者：山东科学技术出版社
地址：济南市市中区舜耕路 517 号
邮编：250003 电话：（0531）82098067
印 刷 者：济南新先锋彩印有限公司
地址：济南市工业北路 188-6 号
邮编：250101 电话：（0531）88615699

规格：16 开（170 mm × 240 mm）
印张：27.75 字数：230 千 印数：5001~10000
版次：2022 年 7 月第 1 版 印次：2023 年 4 月第 2 次印刷
定价：99.00 元

更有趣的古诗词赏析

中国古诗词，是我们中华文化中最为精湛的艺术，举世无双。

我很喜欢一个说法，如果你喜欢中国古诗词，看莎士比亚都嫌弃他太啰唆。莎士比亚也是世界级大文豪，戏剧诗歌美妙绝伦，但跟中国古诗词比起来，还是稍逊一筹。因为我们的古典诗词，更加精妙。

古诗词是我国文学经典里的璀璨明珠。但是，古诗词的赏析是需要门槛的。言简意赅，几十个字，藏着巨大的蕴意，有时候甚至不是字面上的意思。所以，需要专业的基础知识打底，才能鉴赏古诗词。然而传统的学院派赏析，往往缺乏情趣。

古诗词毕竟是文人的创作，文人才是最具有感受力的。诗词体现了文人的情趣审美，细腻的心灵。诗人，是灵活的，狡黠的，敏感的，甚至是故弄玄虚，玩一些文字游戏。学者的研究，太迂腐就会误解诗人。学术研究毕竟只是副产品，是间接的，始终有一层隔膜。

有一次我担任电视台“咏经典诗词”晚会的节目评委，另外一位搭档嘉宾，是中国词学研究会会长王兆鹏教授。在和编导沟通对台本的时候，编导明确要求王教授以专业知识讲解为主，要求我用生动具体的文学理解来解释，搭配起来，为观众献上一台赏析盛宴。

这很能说明问题。因为文人最懂文人心。

文学经典绝不沉闷无趣，其生命力恰恰在于内在的丰富审美趣味，对人性的洞悉，精彩的叙事，深刻的悲悯，才能流传下来。年轻读者对“亲近经典”的阅读体验，同样特别敏感，常有抱怨看不懂，看不下去，冗长、啰唆、无趣。

我曾经在《解放日报》撰文提出：“文学经典博大精深，如同坚果，果实营养丰富，滋味甘美，硬壳比较难啃，这就需要有适当的人来做好这份接引入门工作。以足够的人生阅历、知识品味和宽广的文学视野来做好普及工作。”

我自己也做过这类尝试，出版过《人生是一场雅集》。所以也很高兴，这个队伍又来了优秀的同道。

我认为，刘应先生的这套作品，充分发挥了我们作家的优势，在保障专业准确的基础上，做到了生动有趣的文学普及。让读者先入门，无限风光在其中，入门了，顺理成章就能进一步领略千年诗词之美。

沈嘉柯

为什么要写这本书

小时候奶奶经常给我们讲故事，故事的内容很多都是寓言和童话，偶尔冒出几首打油诗，我们听得很认真。

奶奶说她的故事也是听别人讲来的，她不识几个字，但记了这么多故事，并不是记忆力有多么惊人，是因为口述了很多次。多次口口相传，让记忆更加深刻。可以说，是奶奶启蒙了我的想象力，但那个时候我不懂这些故事的真正含义，只把它们当成纯粹的故事来听。

上了小学后，开始接触简单的诗词，老师总是苦口婆心地叫我们背诵下来，那个时候被“全文背诵”四个字深深地支配了很久，当时不懂为什么要背诵那些诗词，反正背下来就对了。

长大后，尤其是真正踏入社会之后，很少有机会再去专心诵读诗词。但是，那些刻印在我们脑海中的诗词，总会在不经意间跳腾出来，和生活中的某些场景一一对应。

如果没有诗词，我们的描述能力就会大打折扣，见到美丽的风景只会惊呼“太美了，实在太好看了”，然后就词穷了，生活也会少了很多浪漫。

诗词，便是中国文人的浪漫。赋太华丽，史传太过正经，论说的全是道理。只有诗词，把神话传说、古今历史、现实幻想、风骨气魄、理想生活和人生百态藏在这短短数十百字之中，糅合成极致的浪漫。

诗词，总有它们独特的美。

两个文人坐在一起，只要聊到我们国家的文化，肯定避不开诗词，尤其是唐诗和宋词。如果少了诗词这部分，就像是一个演奏团队因缺少了某种乐器而少了独有的味道。

诗词里有梦游四方寰宇：“醉后不知天在水，满船清梦压星河。”有至死不渝的爱情：“十年生死两茫茫。不思量，自难忘。千里孤坟，无处话凄凉。”有理想者决绝的声音：“纵使你脚下有一千名挑战者，那就把我算作第一千零一名。”无论古今，纵使是千百年后，诗词的美，依然是震撼人心的！

一个文化意义上的中国娃，多少都能背得上几首诗词，与文化行业相关的人就更不用讲了。

每天紧张的工作和快速的节奏时刻压迫着我们的神经，使得我们不能徜徉于名山大川、行吟于江河湖海，心中还记得多少诗呢？

七八岁的孩童都能背得出几句诗词，而忙于生计的大人们却早把诗与远方抛在脑后了。

他们大概会反驳，我既不是诗人，又不是作家，背那东西干吗？有什么用，还不如挣钱来得痛快。

人家说得对啊，那些诗词背来没什么实际用处，背而不解其中之意也没什么意义。

“诗，可以兴，可以观，可以群，可以怨。”也就是说，诗歌可以联想，可以观察，可以合群，可以用来抒发怨恨。

诗歌的作用固然很重要，但是一般人也不会天天诵读。普通人每天为了生活奔波，为了前途奋斗，难得有机会亲近自然，居于宁静的山野或者优雅的园林。

如果一个不愁吃穿的家庭，生命的终极目标仍是金钱，不愿追求精神上的诗与远方，不去探索活着的意义，那么这样的家庭肯定会死气沉沉。

远望群山逶迤，斜晖脉脉，或者观看一朵花的开放，一盆竹的新绿，等待种子发芽，兴之所至，吟上几句诗歌。

我们的祖先比我们更亲近诗，他们生活的本质一定跟我们一样，都是为了生存而疲于奔波和劳作，只是表现形式有所不同而已，但是他们的精神起点很高，我们渴望由物质追求走向“诗意地栖居”，他们在极低的生产力环境下，已经“以诗为经”了，不管是坐牛车马车、步行还是劳作，心中常常会回荡起《诗经》里的句子。

在我们宏博的文化宝库中，唐诗、宋词一直都是其中的精粹和瑰宝，让孩子从小养成读诗的习惯，不仅仅能积淀知识，也能养浩然之气、塑高尚人格。

其实，我们大多数人都喜欢传统文化，都喜欢经典，这点我是相信的。但是只要看到一个“经”字便却步，想读一读但是苦于无法理解字句之意，于是便丢在一边作为收藏品保存起来。

碎片化阅读的读者们，阅读速度可谓是一目十行，看过一遍基本上不会再看了，如果让他们去阅读经典，那大多数人会知难而退。

基于这些，我便立足于有趣的诗词普及，写一本让孩子们喜欢读、愿意看、容易学的书籍，用唐诗和宋词把唐朝和宋朝的历史串联起来，抛开枯燥的讲解，丢掉公式化的灌输，用幽默趣味的方式讲述，让诗词更加有温度、历史更加有深度。摆脱一板一眼地写历史、讲诗词，培养孩子的语文素养和文学修养，塑造孩子看诗词、看文学、看历史的大局观，进一步建立大语文观、大文学观、大历史观。

但愿这本书，能让孩子们从此喜欢上历史，更加喜欢诵读诗词；能让大人们也愿意背诵上几句诗词，不只拘束于无穷无尽的生活漩涡之中。那对于我，便是莫大幸运。

谨以此书献给启蒙我无限想象力的奶奶，献给永远支持我的朋友们，献给喜欢诗词和历史的大小朋友。

刘应 西藏
刘威 贵州

2022年2月

目 录

唐·张萱　　捣练图（局部）（现藏于美国波士顿美术博物馆）

王绩

野望

东皋①薄暮望，徙倚②欲何依。
树树皆秋色，山山唯落晖。
牧人驱犊③返，猎马带禽归。
相顾无相识，长歌怀采薇④。

文字注释

① 东皋：地名，今属山西万荣。作者弃官后隐居于此。皋，水边地。

② 徙倚：徘徊。

③ 犊：小牛。这里指牛群。

④ 采薇：采食野菜。据《史记·伯夷列传》，商末孤竹君之子伯夷、叔齐在商亡之后，“不食周粟，隐于首阳山，采薇而食之”。后遂以“采薇”比喻隐居不仕。

白话译文

傍晚时分，我站在东皋向远处望去，来回徘徊不知道该归依何方。层层树林都染上秋天的色彩，重重山岭披覆落日的余光。牧人驱赶那些牛群返还家园，猎人带着猎物归来。我们相对无言，彼此都不相识，我长啸高歌，真想隐居在这山冈啊。

作者档案

<table>
<tr><td>姓名</td><td>王绩，字无功，号东皋子</td><td>性格特点</td><td>人物印象</td></tr>
<tr><td>生卒时间</td><td>约 589—644</td><td rowspan="7">简朴高傲，真挚率性，性情旷达，喜欢喝酒。</td><td rowspan="7">王绩初唐时期比较落魄，在乡间隐居。他以陶渊明为偶像，可终究做不到像陶渊明一样归隐。他的作品独特，被后人公认为是五言律诗的奠基人，文风比较清逸朴素，在诗歌史上具有重要地位。</td></tr>
<tr><td>籍贯</td><td>绛州龙门（今山西河津）</td></tr>
<tr><td>身份</td><td>隋唐大臣、诗人</td></tr>
<tr><td>文学地位</td><td>五言律诗的奠基人</td></tr>
<tr><td>别称</td><td>五斗先生</td></tr>
<tr><td>名言名句</td><td>阮籍醒时少，陶潜醉日多。</td></tr>
</table>

唐 · 韩滉　　五牛图（局部）（现藏于故宫博物院）

创作背景

王绩生于隋末唐初，从小就很聪明，十一岁去长安，拜见当时的大臣杨素，表现十分机敏，人们称呼他“神童仙子”。十六岁在京城做了个小官，可是在京城做官规矩太多，王绩生性爱自由，受不了这种束缚，于是请求到外地去做一个地方官。

当时时局动荡，隋炀帝横征暴敛，大兴土木，连年用兵，百姓苦不堪言。看到这样的乱世，王绩十分迷茫，无奈之下选择归隐。

很快天下风云变幻，隋朝灭亡，唐朝建立。王绩在隋朝时期就有些名气，于是唐朝建立后又被请来做官。

可他的官职一直不上不下，这让王绩郁闷不已。后来他感觉势头不对，又辞官归隐了，这首诗便是王绩在家乡隐居时所作。

趣味故事

王绩特别喜欢喝酒，能喝五斗都不醉，他视五柳先生陶渊明为偶像，便叫自己“五斗先生”。只要有人喊他喝酒，那他必定开开心心地去，不管对方职位高低。他有一个好朋友杜之松，正好在他归隐的地方当刺史。有一天，杜之松想请王绩去府中讲授学问，可王绩这时候正在喝酒，于是拒绝了他。

不懂就问：什么是唐诗？

唐诗，泛指唐代诗人创作的诗。唐诗的形式多种多样，主要分为古体诗和近体诗，古体诗又分为五言和七言，近体诗又分为绝句和律诗。这样一来，唐诗的基本形式就有五言古体诗、七言古体诗、五言绝句、七言绝句、五言律诗、七言律诗。

古体诗对音韵格律的要求比较宽松，一首诗之中，句子数量可以多也可以少，篇章可以长也可以短。近体诗对音韵格律的要求比较严格，每首诗的句子数量都有限定，有严整的格律。

唐诗有很多流派，比如山水田园诗派，主要代表有孟浩然、王维等；边塞诗派，主要代表有王昌龄、王之涣等；浪漫诗派，主要代表有李白等；现实诗派，主要代表有杜甫等。人们为了区分每个诗人的写作风格，会给诗人取一个称号，比如诗仙李白、诗圣杜甫、诗骨陈子昂等。

史海拾贝

隋文帝杨坚把南朝陈灭了之后，统一天下，建立隋朝。可是大隋江山将来要交给谁，令人头疼。太子杨勇作为隋朝的接班人，在历史上没有什么存在感，他没有什么才华，也没犯过什么大错，可是他唯一的错，就是当了杨广的哥哥。

这段最精彩的夺嫡之战结果是，杨广夺得太子之位，成为隋朝的第二任皇帝。杨广继位之后一点也不安分，喜欢折腾，弄得民不聊生。在位期间，杨广建行宫、凿运河、修长城、征高丽、打突厥，又把隋朝折腾得四分五裂，导致隋末民变。

唐国公李渊见到天下大乱，隋朝的灭亡势在必行，便萌生了取而代之的念头。公元617年，李渊在晋阳起兵，618年称帝，建立唐朝（618—907），定都长安。经过几年的争战，李渊击败了所有对手，开启一个繁荣富强的时代。

唐朝是继隋朝之后的大一统中原王朝，共有21个皇帝。大唐王朝存在将近300年，一半时间都是盛世状态。这个时代的开启，预示着诗歌的巅峰期即将到来。因此，朝代与文体联合出现，成为这个时代的骄傲产物，它叫作——唐诗。

骆宾王

咏鹅

鹅，鹅，鹅，
曲项①向天歌②。
白毛浮绿水，
红掌拨③清波。

文字注释

① 曲项：弯着脖子。

② 歌：长鸣。

③ 拨：划动。

白话译文

“鹅，鹅，鹅！”面向蓝天，一群鹅儿伸着弯曲的脖子向天空唱歌。雪白的羽毛漂浮在碧绿的水面上，红红的脚掌划动着清清的水波。

作者档案

<table>
<tr><th>姓名</th><th>骆宾王，字观光</th><th>性格特点</th><th>人物印象</th></tr>
<tr><td>生卒时间</td><td>约 638— 684</td><td rowspan="6">刚直不屈，要强高扬，才华横溢。</td><td rowspan="6">成也性格，败也性格。骆宾王经常与人发生矛盾，看不清天下大势，一直都在官海浮沉，最后连最终去向也成了谜。</td></tr>
<tr><td>籍贯</td><td>婺州义乌（今属浙江）</td></tr>
<tr><td>身份</td><td>初唐大臣、文学家</td></tr>
<tr><td>文学地位</td><td>初唐四杰之一</td></tr>
<tr><td>别称</td><td>神童、算博士</td></tr>
<tr><td>名言名句</td><td>昔时人已没，今日水犹寒。</td></tr>
</table>

创作背景

小时候的骆宾王住在义乌，他家不远的地方有一口小池塘，平时他最喜欢与小伙伴在这里玩耍。池塘里的水清澈见底，还有一群大鹅在里面游来游去，塘边还种着许多柳树，好看极了。

一天，骆宾王家里来了一位客人。客人见到骆宾王长得好看，还很聪明，也听说他很有天赋，就想考考他，指着池塘里的大鹅让他写一首诗。

骆宾王思索了一小会儿，便灵机一动，大声道：“鹅，鹅，鹅，曲项向天歌。白毛浮绿水，红掌拨清波。”

客人惊讶地称赞骆宾王：“神童！”

趣味故事

唐代有一个叫宋之问的诗人，名气很大，因事多次被贬，有一次，被流放到江南。宋之问来到江南，十分不开心，想到处走走看看。

一天晚上他走到了灵隐寺。皓月当空，清风徐徐，宋之问一开心，就想吟诗一首。他在寺里走来走去，冥思苦想许久终于憋出一句“鹫岭郁岧峣，龙宫锁寂寥。”可是他绞尽脑汁也想不出满意的下一句，只能在大殿前不停地嘀咕。

大殿里有一个老僧人在打坐，听到有人一直碎碎念，就问他：“你这个人大晚上不睡觉，在这里念叨什么呢？”

宋之问说：“我来到这里游玩，感觉这里的风景好看，就想为这些美景写首诗。可是才思枯竭，只想到头两句，后面的就怎么也想不出来了。”

老僧微微一笑，说道：“把你的前两句说给我听听。”

宋之问便把前两句说给老僧听，老僧听完答道：“楼观沧海日，门听浙江潮。你看我这两句如何？”宋之问大吃一惊，这两句诗是多么的刚健秀美啊，宋之问受到老僧的启发，完成了《灵隐寺》的创作。

第二天早上，宋之问又去拜访，却没有再见到那位老僧。

寺中知情的僧人说：“那是骆宾王。”

不懂就问：初唐四杰都有谁？

初唐四杰是指初唐代文学家王勃、杨炯、卢照邻、骆宾王。

四人以文采著称于世，王勃六岁就会写文章，构思起来很顺畅；杨炯聪明机敏学习快，写的文章很出名；卢照邻学识渊博，擅长写文章；骆宾王也是很小就会写诗，尤其是他的五言诗写得特别好。四人扭转了初唐的文学风气。

初唐四杰有一个共同点：才高官小。那么，他们四人谁才是最厉害的呢？相传当时的人们是这样给他们排行的：王勃是第一，杨炯排第二，卢照邻第三，反而是骆宾王排在末尾。

史海拾贝

唐朝开国皇帝唐高祖李渊的爷爷李虎是西魏的八柱国之一，被追封为唐国公。李渊七岁时袭封唐国公，公元 616 年被隋炀帝任命为太原留守。公元 617 年，李渊在晋阳以尊隋的名义起兵，一路战无不胜、所向披靡，11 月攻占了长安，拥立代王杨侑为帝，改元义宁，就是隋恭帝。

李渊自任隋朝的大丞相，封为唐王。第二年 3 月，隋炀帝就死了，5 月，代王杨侑把帝位禅让给李渊，李渊建立唐朝，改元武德。因为李渊姓李，所以唐朝又叫李唐，也被尊称为大唐。

李峤

风

解落①三秋②叶，
能开二月③花。
过④江千尺浪，
入竹万竿斜。

文字注释

① 解落：吹落，散落。解，解开，这里指吹。

② 三秋：秋季。

③ 二月：农历二月，指春季。

④ 过：经过。

白话译文

风能吹落秋天的落叶，能催开春天的鲜花，刮过江面能掀起千尺巨浪，吹进竹林能使万竿倾斜。

作者档案

姓名	李峤，字巨山	性格特点	人物印象
生卒时间	645—714	历仕四朝，早年具有正义感，中晚年胆小怕事。	文章华丽秀美，人品却多受诟病。
籍贯	赵州赞皇（今属河北）		
身份	唐代中书令、文学家		
文学地位	文章四友之一		
别称	文章宿老		
名言名句	三山巨鳌涌，万里大鹏飞。		

创作背景

李峤二十岁进士及第。有一年春天，李峤和好朋友苏味道、杜审言三人一起去游景色秀美的泸峰山，爬到峰顶之时，刚好一阵清风吹来，李峤诗兴大发，随口吟出了这首诗。

趣味故事

据《旧唐书·李峤传》记载，在李峤年少的时候，有一天他睡得正香，一个神人忽然出现在他梦中，送给他两支笔。做了这个梦之后，李峤学业大进，终成一代文豪。所以人们用“双笔”比喻文才出众。

相传李峤有五个兄弟，除了李峤，其他几个不到三十岁就去世了。他的母亲很担心李峤，怕他也不能长寿。

于是，李妈妈就请相士袁天罡来为李峤看相。袁天罡一看，李峤也是个短命相，很难活过三十岁。李妈妈被吓到了，又请袁天罡再看看李峤晚上睡觉时的面相。

当天夜里，袁天罡与李峤睡在同一张床上，发现李峤睡觉没有喘息声，他用手试了试，感觉不到李峤的呼吸，被吓了一跳，观察了半天才发现原来李峤是用耳朵呼吸的。

第二天，袁天罡对李妈妈说："你放心吧，你儿子睡觉用的是龟息，定能大贵长寿。"

不懂就问："文章四友"都有谁?

在初唐诗坛上，除了"初唐四杰"很出名，还有一个"文章四友"，他们是崔融、李峤、苏味道、杜审言。

他们四个人的写作风格都差不多，喜欢写点好看的东西，有时也会透露出一些诗歌变革的气息，有的还对诗歌的体制建设做出了积极贡献，都是五言律诗的推动者。

这四个人因为诗文成为好朋友，在四人中，杜审言的成就是最高的，他有个儿子叫杜闲，杜闲的儿子叫杜甫，也就是后来的"诗圣"。

史海拾贝

李渊从各路豪杰的混战中脱颖而出，建立了大唐王朝，二儿子李世民的功劳最大,但是李渊选了大儿子李建成当太子,老大李建成和老四李元吉组成一派，与老二李世民明争暗斗。后来，李世民在长安城太极宫的北宫门——玄武门，发动了一次政变,太子李建成被射死,这就是历史上著名的玄武门之变。事后，李渊立李世民为太子，两个月后禅让皇位于李世民，自己当了太上皇。

李世民即位后，从隋末民变之中深刻认识到群众的力量，采取了一系列措施治理国家：任人唯贤，知人善用；广开言路，虚心纳谏；厉行节约，休养生息；平定外患，稳固边疆；尊重民族，促进融合等。从而取得了政治清明、经济复苏、文化繁荣的治世局面，将唐朝推向一个繁荣的时期。因唐太宗李世民年号为“贞观”(627—649),所以史称这一时期为“贞观之治”,为后来的“开元盛世”奠定了坚实的基础。

王勃

送杜少府之任蜀州

城阙①辅②三秦③，风烟望五津④。
与君⑤离别意，同是宦游⑥人。
海内⑦存知己，天涯若比邻⑧。
无为在歧路⑨，儿女共沾巾⑩。

文字注释

① 城阙：指长安。

② 辅：辅卫。

③ 三秦：指关中地区。项羽灭秦后，把秦故地分封给秦王朝的三名降将，故称“三秦”。

④ 五津：指岷江上的五个渡口，即白华津、万里津、江首津、涉头津、汇南津，这里指代蜀州。

⑤ 君：对别人的尊称，相当于“您”。

⑥ 宦游：外出做官。

⑦ 海内：四海之内。古代人认为中国的疆土四周环海，所以称天下为四海之内。

⑧ 比邻：并邻，近邻。

⑨ 歧路：岔路口。

⑩ 沾巾：泪沾手巾，指挥泪告别。

白话译文

古代的三秦之地，拱护着长安城的那些宫殿，风烟滚滚，一眼看不到蜀州岷江的五个渡口。当与你握手告别时，彼此间心心相印，我们都是远离故乡、出外做官的人。

四海之内还有你是我的知己，即使我们远隔天涯海角，感觉也像近邻一样。无须在告别的地方伤心地痛哭，像恋爱中的青年男女一样，告别时的泪水沾湿了衣裳。

作者档案

姓名	王勃，字子安	性格特点	人物印象
生卒时间	约 650—676	少年成名，有些恃才傲物，不善于处理人际关系。	天才与时运，把王勃推上了“初唐四杰”的核心位置，唯一的遗憾就是他过早地离世，他的一生虽然短暂坎坷，却也精彩纷呈。
籍贯	绛州龙门（今山西万荣）		
身份	唐代文学家		
文学地位	“初唐四杰”之一		
别称	神童、诗杰		
名言名句	海内存知己，天涯若比邻。		

创作背景

王勃应幽素科试及第，授朝散郎，成为了大唐最年少的命官。在长安做官期间，王勃送别自己的好朋友杜少府去蜀州做官，两人感情深厚，在长安城的一间小酒馆喝得大醉，同床而眠。醒来依依不舍，临行之际，就写了这首流传千古的《送杜少府之任蜀州》。

趣味故事

王勃路过洪州，正赶上新修的滕王阁落成，重阳节这天，都督阎伯舆在滕王阁大宴宾客。王勃路过这里，被邀请参加宴会。在宴会上，阎伯舆想邀请大家为滕王阁作序。

王勃接过纸笔，提笔就来。刚写完“豫章故郡，洪都新府”，阎伯舆便说，这没什么厉害的，不过是老生常谈而已。紧接着，王勃又写道，“星分翼轸，地接衡庐”，大家沉默不语。王勃继续写，当他写到“落霞与孤鹜齐飞，秋水共长天一色”时，阎伯舆不由得惊呼：“你真是个天才，当垂不朽啊！”就在众人惊讶之际，王勃一气呵成，挥笔写下了震古烁今的《滕王阁序》，将宴会推到了高潮。

宴会高潮刚过，王勃又写了一首《滕王阁诗》。

据说，王勃写完这首诗之后，便离开了宴会，可是他却留下了一个空处没有填字，就是“槛外长江空自流”的“空”字，这个地方是空白的。

阎伯舆一看，反复读了几遍，都不知道要填什么字才好。宴会上的才子们你一言我一语的，加来加去都不满意。

阎伯舆就命手下去追问王勃这个字。王勃在那人的手中写写画画几笔，让他回去回复。阎伯舆一看，你这手中什么都没有，正要骂手下，突然明白了。随即说了一句：“真的是奇才！”原来，这个地方缺的就是一个“空”字。

不懂就问：五言律诗是什么？

五言律诗简称五律，是传统诗歌的一种体裁，属于近体诗范畴。五言律诗发源于南朝齐时期，雏形是沈约等人讲究声律、对偶的新体诗，到初唐宋之问、沈佺期时基本成型。五言律诗的特

唐·李昭道　春山行旅图（现藏于台北故宫博物院）

点是每首八句，每句五个字，有仄起、平起两种基本形式，中间两联必须对仗。代表作品有李白的《送友人》、杜甫的《春望》等。

史海拾贝

唐太宗晚年，太子李承乾与魏王李泰内斗，结果两人都被废掉了，立了第九子晋王李治为太子。李世民去世后，李治继承帝位，就是历史上的唐高宗，也是唐朝的第三位皇帝，在位三十四年。

唐高宗在位期间，君臣纷纷牢记遗训遗嘱，继续执行李世民在位期间制定的各项政治和经济制度，还把唐太宗时期的三日一朝改为一日一朝，勤勉执政。唐高宗继续推行轻徭薄赋政策，进一步完善科举制度，平定叛乱，加强外交，稳固边疆，百姓安居乐业，使得天下大治，有贞观之治的遗风，历史上称这一时期为“永徽之治”。唐高宗常常被认为比较平庸，但是在他统治期内，疆域和版图是唐朝最大的，所以唐高宗实际上是很有作为的。

陈子昂

登幽州台歌①

前②不见古人③，

后④不见来者⑤。

念⑥天地之悠悠⑦，

独怆然⑧而涕下⑨！

文字注释

① 幽州台：即蓟北楼，是战国时燕昭王为招纳天下贤士所建，故址在今北京西南。

② 前：过去。

③ 古人：指古代那些能够礼贤下士的贤明君主。

④ 后：未来。

⑤ 来者：指后世那些重视人才的贤明君主。

⑥ 念：想到。

⑦ 悠悠：形容时间的久远和空间的广大。

⑧ 怆然：悲伤的样子。

⑨ 涕：眼泪。

白话译文

往前看不见古代那些礼贤下士的圣君，往后望不见那些重视人才的明君。想到只有那广大久远的天地悠悠无限，自己止不住满怀悲伤热泪纷纷。

作者档案

姓名	陈子昂，字伯玉	性格特点	人物印象
生卒时间	661—702	性格孤僻，志向远大，善于创新。	少年时轻财好施，慷慨任侠，做官后直言敢谏，其诗指斥时弊，风格高昂清峻，是唐代诗歌革新的先驱。
籍贯	梓州射洪（今属四川）		
身份	唐代文学家		
文学地位	初唐诗文革新人物之一		
别称	诗骨		
名言名句	念天地之悠悠，独怆然而涕下。		

唐·韩干　猿马图（现藏于台北故宫博物院）

创作背景

陈家属于书香世家，名门贵族，却出了一个不读四书五经，喜欢舞刀弄剑的陈子昂。年轻人都喜欢行侠仗义，陈子昂也有一个大侠梦。直到有一次伤了人，才立志弃武从文。

脱胎换骨的陈子昂，一头扎进书本里。踏入官场之后，陈子昂颇有政治见识和政治才能。公元 696 年，契丹叛乱，陈子昂跟随武攸宜出征。武攸宜轻率出兵，导致全军覆没。陈子昂一再进谏，激怒武氏，被贬为军曹（最普通的士兵）。

有一天，壮志难酬的陈子昂来到军营外散心，登上幽州台，这是战国时期燕昭王为招揽贤才修建的，当初台下都是报国人才，如今满眼荒芜。

陈子昂一个人站在这里，吹着寒风，他的心比寒风更冷。面对苍茫广阔的天地，没人可以倾诉，没人能理解自己，只能在这空旷的天地之间，独自流泪，这才有了千古流芳的《登幽州台歌》。

趣味故事

陈子昂参加科举考试，考了几次依然以失败告终，明明自己的学识已经很高了，为什么还是落选呢？思来想去，他觉得肯定是自己名气不够。陈子昂很聪明，懂得扬长避短，想了一个好办法来扩大自己的知名度。

这天，他在长安街上闲逛，看到一位老人正在叫卖胡琴，“索价百万”，引来了很多百姓围观，但没有一个人敢买，有价无市。陈子昂见到这样的情况，突然想到一个好计策。只见他拨开人群，花了千缗（古代一种计量单位，通常一缗为一千文）买了。简直是天价胡琴。

第二天，陈子昂便以胡琴为由头办了一个聚会，请了不少人，里面还有很多达官贵人。陈子昂拿出天价胡琴，大家都以为他要来演奏一下，正兴奋呢，没想到他却“嘣”的一声把胡琴砸碎。然后拿出早已准备好的诗文，一一发给宴会上的人。参加宴会的人哪里见过这种场面啊，早就惊呆了，看了诗文后纷纷赞叹陈子昂才华横溢。就这样，一夜之间，人人都知道了陈子昂。

不懂就问：陈子昂为什么被称为“诗骨”？

陈子昂被称为“诗骨”，一方面反映了他做人的风格，另一方面也是他诗歌精神的主要体现。

初唐时期的诗歌，一般柔若无骨，陈子昂强烈反对这种文风，他主张诗歌要有风骨，简单来说，就是做人要有骨气，写诗也要有骨气。诗歌要直抒胸臆不要无病呻吟，要刚劲挺直不要柔若无物。

陈子昂进一步发展了“初唐四杰”所追求的充实、刚健的诗风，也影响了后来的很多诗人。正是有了陈子昂捭阖纵横、波澜壮阔的诗歌，这才一扫齐梁诗歌中绮靡纤弱的习气，陈子昂的背后，是辉煌大气的盛唐诗风。

史海拾贝

大唐的北方，有个很强大的游牧民族突厥，后来分裂为东突厥和西突厥。东突厥经常骚扰大唐，李世民把东突厥灭了。西突厥也耐不住寂寞，经常指使西域小国来找唐朝的麻烦，唐朝派兵冲过去把西域打得服服帖帖，还把西域划归到了唐朝的版图上。

再后来，李世民征服高昌、龟兹和吐谷浑，重创高句丽，设立安西四镇，对所有臣服的民族一视同仁，与北方地区各民族融洽相处。唐朝经过唐太宗李世民、唐高宗李治的励精图治，国力越发鼎盛，四方来朝，唐朝的皇帝更是被尊称为“天可汗”。

贺知章

咏柳

碧玉①妆②成一树③高，
万条垂下绿丝绦④。
不知细叶谁裁出，
二月春风似剪刀。

文字注释

① 碧玉：碧绿色的玉。这里用来比喻春天嫩绿的柳叶。

② 妆：装饰，打扮。

③ 一树：满树。一，满，全。

④ 绦：这里指像丝带一样的柳条。

白话译文

高高的柳树上长满了嫩绿的新叶，轻垂的柳条就像千万条轻轻飘动的绿色丝带。不知道这细细的柳叶到底是谁裁剪出来的？是那二月的春风，它就像一把神奇的剪刀。

作者档案

姓名	贺知章，字季真	性格特点	人物印象
生卒时间	659—约 744	开朗豁达，性格极好。	古代的官员，经常被贬，贺知章的仕途却特别顺利，这主要是由于他善于处理人际关系，而且富有才华。
籍贯	越州永兴（今浙江杭州萧山）		
身份	唐代诗人、书法家		
文学地位	吴中四士之一		
别称	四明狂客、诗狂		
名言名句	少小离家老大回，乡音无改鬓毛衰。		

创作背景

少年时期的贺知章，很喜欢读书，十来岁就可以写诗、写文章。后来参加科举考试，被武则天钦点为状元，他是史书上有记载的第一个籍贯浙江的状元。

踏入官场之后，贺知章先是在书院参与编书，后来很长一段时间都是从事老师的工作，他还当过太子的老师，总的来说仕途比较顺利。

贺知章沉稳大气，为人亲切随和，能让皇帝感到舒服自在。与一般的官员不同，他踏入官场的时间比较晚，属于大器晚成，在别的官员退休或者去世的年纪，贺知章的辉煌前程才开始。辞官回乡时，朝廷还为贺知章举办了饯别宴会。

据说，贺知章小时候住在山阴，那是一个江南水乡的美丽小镇，小溪穿过镇子，溪上还有小石桥，溪边长着许多柳树。早春的二月，贺知章坐船回家乡，一路上的山光水色，在贺知章的眼里明媚可爱，生机勃勃，他对儿时记忆里家乡的怀念，就在《咏柳》中被描述了出来。

趣味故事

贺知章很喜欢喝酒，有一次参加宴会，喝了不少酒，大家都散了之后，他就骑着马儿晃晃悠悠地走了。迷迷糊糊地走着走着，忽然，两眼一黑，他跌进了一口干枯的水井里，在里面什么也看不见，以为是天黑了，直接在井底睡着了。

贺知章还是唐代书法名家，擅长草书，他还喜欢喝醉写狂草。他写字要把纸用完了才停下来，有时候为了方便，他直接在墙上写字，果然是“诗狂”贺知章。

不懂就问：“吴中四士”都有谁？

唐代有四位诗人：张若虚、贺知章、张旭和包融。这四人都是吴中（今江浙）一带人，性格比较狂放，写的诗大多具有浪漫主义色彩，因此叫“吴中四士”。

张若虚是初唐著名诗人，他写的《春江花月夜》最为著名，被盛赞“孤篇压全唐”；张旭是大书法家，也是诗人；包融也是诗人，只是所传下来的诗不多。他们的诗歌自成风格，清新婉丽。

史海拾贝

唐高宗后期，朝廷政权逐渐由皇后武则天掌握，大事小事都是她说了算。武则天虽然是女子，却有雄才大略，十四岁进入后宫，当时是唐太宗李世民的才人，李世民驾崩后落发为尼。唐高宗李治从长安感业寺中将武则天赦免，立为昭仪。后来高宗废掉王皇后，改立武则天为皇后，这对中国历史产生了非常大的影响。

公元674年，武则天加号“天后”，与唐高宗并称“二圣”，权势更加鼎盛。她与唐高宗一起处理政事，经常出谋划策，时间一长，高宗就越来越离不开武则天了。

回乡偶书

少小离家老大回，
乡音无改鬓毛衰①。
儿童相见不相识，
笑问客从何处来。

文字注释

① 鬓毛衰：两鬓的头发已经斑白。

白话译文

少年的时候离开家乡，老了才回家来，说话的口音没有改变乡味，两鬓的头发却已经斑白。乡里的儿童看见我都不认识，他们笑着问我是从哪里来的。

创作背景

贺知章回到阔别多年的老家。家乡的小孩子们看到他，可是谁都不认识，以为他是外面来的客人，面对此情此景，已超八十岁的贺知章一时感慨，一直旷达的他有些伤感，将心情化作诗句，写下了这首《回乡偶书》。

趣味故事

话说贺知章长寿，八十多岁了还在朝廷当官，有一年他生了一场大病，病好了之后他向唐玄宗请辞回乡当道士，打算把自己的官邸捐赠出来做道观。

回到家乡，距离他离开故乡已经五十多年了，这五十多年的思乡之情和返乡感触，使得他萌生出了“少小离家老大回，乡音无改鬓毛衰”的千古名句。

贺知章辞官，在唐代的小说集《原化记》还有另外一种传说。贺知章有个邻居，姓王，是个卖药的，信仰道教的贺知章就拜他为师，学习黄老之术。有一次贺知章送给师父一颗很大的宝珠，没想到的是，师父竟然让人拿着这颗明珠去换烧饼。贺知章很不高兴，觉得宝珠被轻用了，师父就告诉他“悭吝未除，术何由成”，意思是如果是你不克服悭惜之心，道术是不会成功的。贺知章这才顿悟，辞官回乡隐居，当了道士，这也是成语“宝珠市饼”的由来。

不懂就问：唐诗为什么能兴盛？

第一，唐朝的发展。唐朝经过唐太宗李世民、唐高宗李治等人的治理，政治、经济等方面取得很大进步，更重要的是打破了之前门第贵族等之间的界限，老百姓思想解放，物质条件得到改善，为唐诗创作提供了源源不竭的动力。

第二，文学的积累。唐代诗人们充分继承和发展前朝积累的各类文学体裁，取其精华去其糟粕，不断推陈出新，也为唐诗的兴盛奠定了基础。

第三，风气的改变。唐朝皇帝都热爱诗歌，在一定程度上促进了重视诗歌的社会风气，文人的社会地位得到提高，再加上科举考试内容就有诗歌部分，进一步促进了唐诗发展。

第四，开明的政治。唐朝的政治总体比较开明，国力强大之后，上到皇帝下到百姓都对自身充满信心，基本上没有“文字狱”，而且各种文化交流频繁，使得诗人们广泛接受艺术熏陶，各种风格流派百花齐放。

史海拾贝

高宗去世后，武则天先把儿子李显推上去当皇帝，就是唐中宗，后来找了个借口把唐中宗废黜，又把另外一个儿子李旦推了上去，就是唐睿宗。一来二去，李家的那些亲戚们就不高兴了，各种造反，全都被武则天镇压了下去。之后武则天便不想当太后了，就把唐睿宗废黜，干脆自己当皇帝，给自己取了一个很厉害的名字，武曌。

公元 690 年，武则天把唐朝改为周朝，史称武周，把都城从长安改到洛阳，号称神都。武则天虽然是女皇帝，但是治理国家很有一套，善于用人，只要你有才能就敢用，比如她曾经处死一个政敌上官仪，后来发现上官仪的孙女上官婉儿很有才华，直接重用。她还开创了武举，使那些习武之人也能有崭露头角的机会。在军事上，武则天实行铁腕政策，在位期间把西域打得服服帖帖。

王翰

凉州词①

葡萄美酒夜光杯②，
欲③饮琵琶④马上催⑤。
醉卧沙场⑥君莫笑，
古来征战⑦几人回？

文字注释

① 凉州词：唐代曲名，起源于凉州（今甘肃武威）一带。

② 夜光杯：用美玉制成的杯子，夜间能够发光。这里指极精致的酒杯。

③ 欲：将要，想要。

④ 琵琶：这里指作战时用来发出号角的声音的乐器。

⑤ 催：催人出发。

⑥ 沙场：战场。

⑦ 征战：打仗。

白话译文

新酿成的葡萄美酒，盛满在华贵精美的夜光杯中，正要举杯痛饮，却听到马上弹起琵琶的声音，在催人出发了。即使是醉倒在战场上，也请诸君不要见笑，自古以来为国出征效力，就没有打算活着回来。

作者档案

<table>
<tr><td>姓名</td><td>王翰，字子羽</td><td>性格特点</td><td>人物印象</td></tr>
<tr><td>生卒时间</td><td>687—726</td><td rowspan="7">聪明过人，性格豪放，倜傥不羁，感情奔放。</td><td rowspan="7">王翰出生在富贵之家，很有才学，喜欢无拘无束、自由自在的生活。令人惋惜的是，这样一个有才气的诗人，没有文集流传下来。</td></tr>
<tr><td>籍贯</td><td>晋阳（今山西太原西南）</td></tr>
<tr><td>身份</td><td>唐代边塞诗人</td></tr>
<tr><td>文学地位</td><td>边塞诗派先驱</td></tr>
<tr><td>别称</td><td>边塞狂人</td></tr>
<tr><td>名言名句</td><td>醉卧沙场君莫笑，古来征战几人回？</td></tr>
</table>

创作背景

胡人在边境叛乱，王翰作为管理军中车马粮草的官员随军出行，这首著名的《凉州词》，大概写于这段时期。

边塞地区环境艰苦，军民生活紧张动荡，很难有欢聚的宴会，王翰有幸遇到了一次。将士们情绪激昂兴奋，喝的是西域的葡萄美酒，酒杯是用白玉制作成的。

本想开怀畅饮，但是号角响起，又在催人出征了。这时候有人高喊："怕什么，醉就醉吧，就算是醉倒在战场上，也请大家不要笑话，因为我们早就将生死置之度外了。"

王翰在这首诗中，用明快的语言、跳动的节奏，烘托出奔放狂热的情绪，有一种激动和豪迈的艺术魅力，这也是边塞诗的特色之一。

趣味故事

王翰在当时很有才名。据记载，当时的学士杜华的母亲曾说："之前听说过孟子的母亲为了选择良好的环境教育孩子，多次迁居，我如今也有这个想法，想让你去做王翰的邻居，这样的话我就心满意足了。"

不懂就问：什么是边塞诗

边塞诗又叫出塞诗，主要反映边疆地区军民生活和边塞自然风光，从隋朝开始发展，到唐朝进入繁荣兴盛的阶段。边塞诗题材比较开阔，诗人们根据边塞生活经历和军旅生活体验进行创作，内容大多数积极向上、昂扬奋发，充满艺术性，诗人多在诗中表达思念家乡、报效国家、建功立业的伟大志向。

唐朝的社会经济发展和一系列对外战争，为边塞诗的发展奠定了良好条件。到了盛唐，边塞诗创作进入鼎盛时期，涌现了很多边塞诗人，代表人物有高适、王昌龄、岑参等诗人，就连大诗人李白、杜甫都写过边塞诗。

史海拾贝

大唐第四位皇帝是唐中宗李显，李显是武则天的第三个儿子。唐高宗李治病死之后，李显继承皇位，曾两度在位（683—684、705—710）。

李显当了皇帝之后，昏庸无能，试图组建自己的势力，可皇太后武则天太强大了，没当多久皇帝，就被废为庐陵王。

李显先后被武则天软禁 14 年，身边只有妃子韦氏陪伴。李显被软禁后不久，武则天登上了皇帝宝座，成为一代女皇。武则天病逝之后，李显再度成为皇帝。

王之涣

登鹳雀楼①

白日②依③山尽④，
黄河入海流。
欲⑤穷⑥千里目⑦，
更⑧上一层楼。

文字注释

① 鹳雀楼：旧址在山西永济。传说经常有鹳雀在此停留，故有此名。

② 白日：太阳。

③ 依：依傍。

④ 尽：消失。这里指太阳依傍山峦渐渐沉落下去。

⑤ 欲：想要，希望。

⑥ 穷：穷尽。这里指看得极远。

⑦ 千里目：形容眼界宽阔。

⑧ 更：再。

白话译文

夕阳依傍山峦慢慢沉落，黄河朝着大海汹涌奔流。想看千里之外的风光，那就要再登上更高的一层城楼。

作者档案

姓名	王之涣，字季凌	性格特点	人物印象
生卒时间	688—742	性格豪爽，仗义疏财，慷慨有大略，倜傥有异才。	豪放不羁，常击剑悲歌。其诗擅长描写边塞风光，意境雄浑，名动一时。王之涣留下来的诗歌虽然少，但却影响广泛。
籍贯	晋阳（今山西太原）		
身份	唐代边塞诗人		
文学地位	四大边塞诗人之一		
别称	无		
名言名句	欲穷千里目，更上一层楼。		

创作背景

古代的亭台楼阁，因为文人的驻足、文字的记载，便被赋予了生命。比如，提到黄鹤楼，首先想到的诗句是“黄鹤一去不复返，白云千载空悠悠”；提到岳阳楼，浮上心头的句子一定是“先天下之忧而忧，后天下之乐而乐”；提到爱晚亭，脑海蹦出来的句子是“停车坐爱枫林晚，霜叶红于二月花”。

那么，提到鹳雀楼呢？自然而然想到的是“欲穷千里目，更上一层楼”。

王之涣赋闲在家期间，喜欢探访名楼名阁。当时，离他家不太远的地方就有一座名楼——鹳雀楼。这座楼阁兴建于北周，巍然矗立在黄河东岸。

一个傍晚，王之涣在楼阁上看到落日熔金、群山层叠，下沉的夕阳，照映着黄河挟无穷之势奔涌而来，消失在天边。

此情此景，王之涣难免要吟咏几句，就这样，《登鹳雀楼》横空出世。

趣味故事

王之涣当县官时，有一天，一位农妇前来告状。这位农妇的丈夫在外做生意，家里只有她和小姑子两人。前一天晚上她在邻居家推碾，留小姑子在家。推碾回来刚进门，她听到小姑子喊救命，跑进屋时在门口和一个高个子男人撞上，两人厮打起来，那个男人把她推倒之后就逃跑了。回屋后，她发现小姑

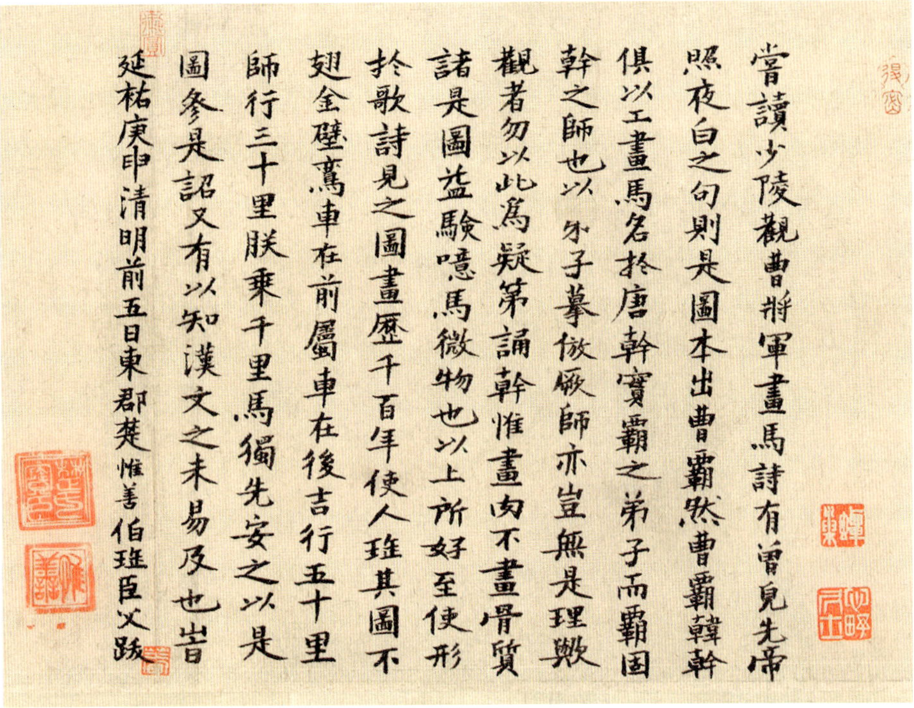
嘗讀少陵觀曹將軍畫馬詩有曾見先帝
照夜白之句則是圖本出曹霸然曹霸韓幹
俱以工畫馬名於唐幹實霸之弟子而霸固
幹之師也以弟子摹倣厥師亦豈無是理歟
觀者勿以此爲疑第謂幹惟畫肉不畫骨負
諸是圖益驗噫馬微物也以上所好至使形
於歌詩見之圖畫歷千百年使人踵其圖不
翅金璧鸞車在前屬車在後吉行五十里
師行三十里朕乘千里馬獨先安之以是
圖參是詔又有以知漢文之未易及也豈
延祐庚申清明前五日東郡楚惟善伯璉臣父跋

唐·韩干　　照夜白（跋文）（现藏于美国大都会艺术博物馆）

子已经死了。

王之涣问：“你家除了小姑子，还有别人吗？”

农妇回答：“没有了，只有一只大黄狗。”

破案的关键就在黄狗的身上。

王之涣想了想，马上对手下说：“你们去到处宣传，就说我明天要去庙里审黄狗，让大家都来看一看。”

第二天，庙里果然来了很多看热闹的人。王之涣刚坐下，就问黄狗：“大胆黄狗，你的主人家养了你几年，你竟然不帮忙看家护院，看到贼人进来你也不叫唤，你该不该杀！”

黄狗被吓得连连后退。看热闹的人越来越多，突然，王之涣大喊了一声，“把孩子都赶出去，再把女人都赶出去。”

所有的女人和孩子都出去了。王之涣又说：“再把老人也赶出去。”这下庙里只剩下青年男人，大家都不知道发生了什么事情。

王之涣突然说道：“大家把上衣统统脱掉，我要一个一个察看。”

庙里的青年男子们把上衣纷纷脱掉，王之涣看完一个放走一个，当他看到一个高个子男人背后有抓痕，立马下令把这个人抓起来，高个子男人供认了自己杀人的事实。

王之涣说道：“黄狗见有人来了却不叫，肯定是熟人作案，你的后背有伤，肯定是和农妇打架时留下的。”

王之涣就这样找到了杀人凶手，案子告破。

不懂就问：古代四大名楼都是什么？

古代四大名楼是指江西南昌的滕王阁、湖北武汉的黄鹤楼、山西运城的鹳雀楼、湖南岳阳的岳阳楼。

滕王阁因王勃所写的《滕王阁序》而出名，黄鹤楼因诗人崔颢登楼所题《黄鹤楼》一诗而名扬四海，鹳雀楼也因王之涣的《登鹳雀楼》而为人所知，岳阳楼同样是因为宋代范仲淹写的《岳阳楼记》而著称于世。

古代的楼阁能够成为风景名胜，离不开历代文人留下的诗文影响，滕王阁、黄鹤楼、岳阳楼并称“江南三大名楼”。而鹳雀楼仅凭王之涣一首《登鹳雀楼》，便与前面三座齐名，合称“四大名楼”。

史海拾贝

唐中宗李显被废之后，武则天当了皇帝，很多人都对她不满，李敬业（本名徐敬业）也忍不住跳了出来起兵讨伐武则天。

李敬业是李勣的孙子。见到李敬业站了出来，骆宾王也没忍住跟着出来一起造反。在复国热情的强烈驱动下，骆宾王满怀激情地写了一篇震古烁今的《代李敬业传檄天下文》（后人改题作《讨武曌檄》）。

骆宾王将武则天置于“被告席”上，在文中写了她那人神共嫉、天地不容的滔天罪行，借此宣告天下，起兵讨伐。

据说，这篇文章传到了武则天的手中，武则天读完这篇文章，抬头问身边的人：“这么好的文章，是谁写的？”

当手下回答是出自骆宾王之手时，武则天说道：“这么有才华的人，竟然流落到造反队伍里，这是宰相的过失啊。”

在武则天看来，骆宾王固然是人才，可是李敬业难以与其比肩。果然，李敬业不够给力，武则天太过强大，起兵才几个月，李敬业兵败被杀，骆宾王就此不知所踪，下落成谜。

凉州词①

黄河远上②白云间，
一片孤城③万仞山。
羌笛④何须⑤怨杨柳⑥，
春风不度⑦玉门关⑧。

文字注释

① 凉州词：一名《凉州歌》。原为凉州（今甘肃武威）一带的歌曲，唐代诗人常以此调作歌，描写西北的边陲风光和战争生活。

② 黄河远上：远望黄河的源头。

③ 孤城：坐落在边地的城堡。

④ 羌笛：羌族的一种乐器。

⑤ 何须：用反问的语气表示不需要。

⑥ 杨柳：《折杨柳》曲。古代有折柳赠别的风俗。

⑦ 度：吹过，越过。

⑧ 玉门关：汉武帝时设置，因西域输入玉石经过此地而得名，是古代通往西域的要道。

白话译文

远远奔流而来的黄河好像与白云连在一起，玉门关孤零零地耸立在高山之中。何必用羌笛吹起那哀怨的《折杨柳》曲，去埋怨春光迟迟不来呢，原来玉门关一带春风是吹不到的啊！

创作背景

在繁荣的大唐王朝，吟诗作赋是社交的必备技能。有一次，王之涣与高适、王昌龄在一家酒馆里喝酒，恰好碰上四位女子在这里表演。三人来了兴趣，打赌听歌的时候，谁的诗被唱成歌最多，就算谁赢。

这时，一位女子开口唱道：“寒雨连江夜入吴，平明送客楚山孤。洛阳亲友如相问，一片冰心在玉壶。”

“过奖！过奖！这是我的《芙蓉楼送辛渐》。”于是，王昌龄在墙壁上画了一道，表示唱了一首。

紧接着，另外一位女子唱道：“开箧泪沾臆，见君前日书。夜台今寂寞，独是子云居。”

“这是我的《哭单父梁九少府》。”高适也在墙上画了一道。

眼看着王昌龄和高适都接连画了几道，还是没有听到王之涣的诗歌。王之涣有点坐不住了，他指着一位长得最漂亮的女子说，“这位最漂亮的还没开口呢，如果她没有唱我的诗，那我就认输了。不过，一旦她唱的是我的诗，那你们就得奉我为师。”

三人急切地等着这位女子开口，她唱了起来：“黄河远上白云间，一片孤城万仞山。羌笛何须怨杨柳，春风不度玉门关。”

这正是王之涣的《凉州词》，凭借这首诗，王之涣名扬天下，这就是“旗亭画壁”的故事。

趣味故事

王之涣与高适、王昌龄、岑参并称唐代“四大边塞诗人”。但是，他传下来的诗歌只有六首，据说是因为别人帮他整理诗稿的时候，不小心打翻了烛台，只从火堆里面抢救了六首。要是王之涣知道他的诗是因为这个原因没有流传下来，爱面子的他一定会说，“那是我辛辛苦苦写的诗啊，为什么王昌龄和高适两个俗人的诗传下来一大堆，我的就只传下来六首！”

虽然只有六首，但篇篇都是精品。《登鹳雀楼》和《凉州词》是精品中的精品。

不懂就问：古代的科举制度具体是什么？

科举制度是古代选拔人才的制度。隋炀帝时始治进士科，被视为科举制的起始，至公元 1905 年最后的科举考试结束为止，共历经1200余年。

科举考试通常分为地方上的乡试、中央的省试和殿试。乡试的第一名为“解元”，省试的第一名为“省元”，最终的殿试，第一名叫“状元”，第二名叫“榜眼”，第三名叫“探花”。

史海拾贝

唐睿宗李旦（662—716）是唐朝第五位皇帝，武则天的第四个儿子，唐中宗李显的弟弟。与哥哥李显一样，李旦也是当了两次皇帝，一共在位八年（684—690，710—712）。

武则天废李显为庐陵王之后，又把李旦推上去做傀儡皇帝，自己临朝称制，朝廷的大小事情都是她说了算。之后李旦被软禁在皇宫之中，不得参与朝廷政事，也不能随意出入宫苑，行动自由都被武则天限制。

李敬业在扬州起兵讨伐武则天时，宰相裴炎趁机请武则天把皇位让给李旦，结果被扣上谋反的罪名砍了头。

孟浩然

春晓

春眠不觉晓①，
处处闻啼鸟②。
夜来风雨声，
花落知多少③。

文字注释

① 晓：天刚刚亮的时候。

② 啼鸟：鸟的啼叫声。

③ 知多少：不知道有多少。

白话译文

在春日里贪睡，不知不觉天已经亮了，醒来时到处可以听到鸟的啼叫声。昨天夜里风雨声交加，那娇艳的春花不知道被吹落了多少。

作者档案

姓名	孟浩然	性格特点	人物印象
生卒时间	689—740	喜爱山水，不媚世俗。	孟浩然本性喜爱山水自然，却想出仕展现自己的一番抱负，可又不够坚定，以至于后半生迷惘矛盾。
籍贯	襄阳（今属湖北）		
身份	著名山水田园派诗人		
文学地位	山水田园诗派第一人，“兴象”创作的先行者		
别称	孟山人，孟襄阳，诗隐		
名言名句	垂钓坐磐石，水清心亦闲。		

创作背景

公元706年，孟浩然参加乡试，金榜题名，给张柬之留下深刻印象。张柬之邀请上榜的学子到家中做客，对他们进行勉励，并讲述了自己受权贵排挤的前因后果。孟浩然听后，科举入仕的信念开始动摇。可是没想到，宴会之后没多久，张柬之就收到流放泷州的通知，结果病死途中。

孟浩然得知张柬之的死讯后，深受打击，他决心放弃科举考试，在鹿门山归隐。《春晓》正是此时所作。

趣味故事

孟浩然到了二十多岁，还是不想参加科举考试，每天游山玩水，或者去酒肆茶馆喝喝小酒、听听小曲。

这天，孟浩然在酒馆里遇到了一个歌女韩襄客，生得好看，多才多艺。韩襄客给孟浩然吹了一首《巫山曲》，顿时把他迷住了。孟浩然就写了一首《赠韩襄客》回赠给她。韩襄客也倾心于孟浩然的诗才，两人情投意合。于是，孟浩然便不顾家里人反对，把韩襄客娶进了门。

不懂就问：为什么说“三十老明经，五十少进士”？

“三十老明经，五十少进士”是一句谚语，意思是在三十岁考取明经（被推举的人必须明习经学，所以取名为“明经”，明经与进士二科为唐朝科举的基本科目），在考取明经的人里年龄已经比较大了，而在五十岁考取了进士，在考取进士的人里这个人还很年轻。这句话说明明经易考，进士难得。

明经科主要是考对“四书五经”等儒家经典的记忆，相对比较容易；而进士科考诗词歌赋、政治见解等，比较难考。每年参加进士科的考生有八九百人，多的时候有一两千人，但是能考中进士的只有几十人，录取比例很低。

史海拾贝

虽然武则天是在历史上留下浓墨重彩一笔的厉害人物，但是人都会老的，武则天也不例外。作为皇帝，晚年最重要的事就是：皇位该传给谁呢？武则天有两个选择，一个是儿子李显、李旦，另一个是侄子武承嗣、武三思。

这时，狄仁杰跳出来说："你的儿子和你的侄子，哪个和你更亲近一些呢？"武则天经过深思熟虑，最终选择了立李显为皇太子。解决了继承人的问题后，武则天志得意满，加上年龄增长，开始耽于享乐。

公元705年，武则天病重，只有张易之、张昌宗兄弟侍侧。宰相张柬之看到时机到了，带着一干人等诛杀"二张"，并且逼迫武则天禅位于太子李显。

宿建德江

移舟泊烟渚①，
日暮客愁②新。
野旷天低树③，
江清月近人④。

文字注释

① 烟渚：指江中弥漫雾气的小沙洲。渚，水中间的小块陆地。

② 客愁：客，指诗人自己。愁，指思乡。

③ 天低树：天幕低垂，好像与树木相连。

④ 月近人：倒映在江面上的明月好像想与人亲近。

白话译文

我把船停在烟雾弥漫的小沙洲旁，日落时对家乡的思念又涌上了心头。原野无边无际，好像与树木相连；江水清澈见底，水中的明月好像想与人亲近。

创作背景

孟浩然与歌女韩襄客的爱情不被家里人认可，一气之下，他离开家，又回到鹿门山隐居。第二年他的父亲就去世了，他回到家里为父亲守孝 3 年。

这 3 年里，身边的朋友都考取了功名，这让孟浩然想到了父亲生前的期望，想让自己有个好前程。孟浩然觉得不能辜负父亲的期望，于是对家里人说要去京城求取功名，就这样背上行囊出发进京。

来到京城后，孟浩然认识了很多人，比如李白、王维、张九龄等。孟浩然文采很好，在一次聚会中艳惊四座，得到了宰相张说的赏识。本来以为自己会借此青云直上，可是天不遂人愿，张说被罢相了，孟浩然通往仕途的这条路断了。

趣味故事

唐开元年间，一场盛大的赛诗会在帝都长安举行。来参加诗会的都是当时文坛上的名人，比如王维、张九龄、王昌龄等。

诗会刚开始，出场的都是些才疏学浅的小人物，作出来的诗句也是意境平平，索然无味。直到王昌龄一句“郭外秋声急，城边月色残”才把诗会的气氛推向高潮，在场的人纷纷称赞，不愧是大家，写得就是好。

王昌龄下场后，其他人也纷纷亮相。张说把自己的诗句咏出来后，却没坐下，而是把目光投向身旁的一个男子。众人很是好奇，顺着目光看去，只见这男子一身白衣，丰神俊朗，如同天人。

这人是谁啊？怎么大家都不认识？

男子并不紧张，与张说四目相对，微微一笑，站起身来，走到庭院中的一棵梧桐树下，小雨残留的水珠从梧桐叶上滑落，男子思考片刻，慢慢吟诵："微云淡河汉，疏雨滴梧桐。"

这一下犹如千顷石落水，激起千层浪，引得围观群众震惊不已，半天没人说话。此时还没赋诗的有两人，一个是张九龄，一个是王维。

张九龄思考许久，无奈摇摇头，感叹道："大唐有无数擅长写诗作赋的人，却没有一个人能把清幽淡雅写得如此出众，我自愧不如啊。"

王维亦如是。

男子抽身还礼，说道："在下是襄阳孟浩然。"

三十多岁的孟浩然，一身布衣进京，一夜之间名动京城。

不懂就问：田园派诗人代表有哪些？

田园诗派是古代诗歌中的一种流派，大部分取材于田园生活，以农村的景物与农民的生活为题材。语言平淡自然，清新淡雅，却又不失色彩，给人清新醇美、诗情画意的感觉。

晋代的陶渊明是田园诗派的开山鼻祖，他的诗作对后世的诗人产生了深远影响。田园诗派的代表人物有孟浩然、王维、韦应物等。

史海拾贝

武则天过了一把皇帝瘾，思来想去，自己折腾大唐这么多年已经够了，想到之前那些所作所为，到生命的尽头应该消停消停了，她想心平气和地走完生命的最后一段时间。

武则天身为女子，比男子还厉害，她当皇帝，比大部分皇帝还厉害。最后，武则天选择与唐高宗李治葬在一起。

别人当皇帝，巴不得史书上写满了自己的功绩，可是武则天不一样，她让别人在自己的坟前立了一块无字碑，对于她精彩的一生，最后选择了沉默。

关于无字碑上为什么没有字，有这几种主流说法。

第一种说法认为，武则天立无字碑，是用来夸赞自己，自己的功德和贡献实在太大了，文字已经不能描述了，所以无字。

第二种说法认为，武则天给大唐王朝带来的灾难太大了，罪孽深重，所以还是不要写任何文字了。

第三种说法认为，武则天相当聪明，她在位期间，有值得肯定的地方，也有应该否定的地方，武则天很有自知之明，立了一块无字碑，是非功过让后人评论。

过故人庄

故人具①鸡黍②，邀我至田家。
绿树村边合③，青山郭④外斜。
开轩⑤面场圃⑥，把酒话桑麻。
待到重阳日，还来就菊花⑦。

文字注释

① 具：准备，置办。
② 鸡黍：农家待客的丰盛饭食。黍，黄米，古代上好的粮食。
③ 合：环绕。

④ 郭：古代城墙有内外两重，内为城，外为郭。
⑤ 轩：窗户。
⑥ 场圃：场，打谷场，稻场。圃，菜园。
⑦ 就菊花：喝菊花酒，也指赏菊。就，靠近，指去做某事。

白话译文

老朋友准备了十分丰盛的饭菜，邀请我到他家做客。翠绿茂盛的树林围绕着村落，苍翠的山峦在城外横卧。

推开窗户面对谷场菜园，手举酒杯闲谈庄稼情况。等到九九重阳节到来，我还要来这里观赏菊花。

创作背景

孟浩然隐居鹿门山时，老朋友邀请他到家里做客，还准备了丰盛的饭菜招待他。

老友的家在城外的乡下，环境优美，风景怡人，犹如一幅清淡的水墨画。看到这样美的场景，孟浩然心旷神怡，写了这首诗。

趣味故事

自从王维与孟浩然相识之后，两人相见恨晚，友情迅速升温，天天待在一起，研讨诗歌，谈论人生。

一天，王维要进宫办差，可是又舍不得孟浩然，索性把孟浩然带到了宫里。没想到，唐玄宗因为一个小问题来找王维，这可把两人吓坏了。要知道，私自带人入宫可是欺君大罪。

孟浩然很慌，一双泪汪汪的眼睛看向王维，“兄弟，这可咋办啊。”玄宗越来越近，王维把目光投向了床榻之下。“好兄弟，就委屈委屈你了。”就在玄宗进入房间时，孟浩然躲进了床底。

王维刚松一口气，却看到桌上还放着两杯冒着热气的茶水。以唐玄宗的机敏，怎么可能看不出问题来。王维干脆把心一横，主动承认错误，把孟浩然叫了出来，希望唐玄宗不要责怪他们。

万幸，唐玄宗是个比较大度的人，同时还对孟浩然很感兴趣，连宰相张说都向唐玄宗推荐过他。“孟浩然啊，朕听说你很会写诗，最近有没有什么新作品啊，念给朕听听。”

王维一看，机会来了，推了推孟浩然，对他说：“我的好兄弟，好好表现，你的机会来了。”

见到唐玄宗，孟浩然很紧张，忐忑地吟诵了他的《岁暮归南山》：“北阙休上书，南山归敝庐。不才明主弃……”

诵至“不才明主弃”一句时，唐玄宗不悦，说：“卿不求仕，而朕未尝弃卿，奈何诬我。”说完唐玄宗就走了。之后孟浩然放归襄阳，后漫游吴越，穷极山水之胜。

不懂就问：孟浩然的诗有什么特点？

孟浩然传世的经典诗词有很多，几乎句句都是千古绝唱。他被称为盛唐山水田园诗派第一人，“兴象”创作的先行者。孟浩然的诗词清淡自然、意境清迥，韵致流溢、浑然天成，拥有独特的诗歌美学观，善于发掘自然和生活之美，即景会心，写出一时真切的感受。

史海拾贝

武则天把皇位传给儿子唐中宗李显，李显昏聩无能，在韦皇后面前唯唯诺诺，连朝政大权都被韦皇后把持。韦皇后是个很有事业心的女人，又受到婆婆武则天光辉事迹的鼓舞，也想当女皇帝。

韦皇后既没有武则天的雄才大略，也没有耐心，就和有着同样梦想的女儿安乐公主合计，把唐中宗李显毒死了。这下两人志得意满，扶持了傀儡皇帝唐少帝李重茂。母女俩把唐中宗李显毒死了不要紧，关键是牵连到了他的弟弟李旦，其实牵连李旦也不要紧，可怕的是李旦有个儿子李隆基。

李隆基可不是个无能之辈，他和自己的姑姑太平公主合计，诛杀了韦后母女，扶持老父亲李旦当了皇帝，史称“唐隆政变”。

李旦当了2年皇帝，公元712年，他禅位于李隆基，这便是唐玄宗。

望洞庭湖赠张丞相

八月湖水平，涵虚①混太清②。
气蒸云梦泽③，波撼④岳阳城。
欲济⑤无舟楫⑥，端居⑦耻圣明⑧。
坐观垂钓者，徒⑨有羡鱼情。

文字注释

① 涵虚：指水映天空。涵，包含。虚，天空。

② 混太清：与天空浑然一体。太清，天空。

③ 云梦泽：古代大湖，在洞庭湖北面。

④ 撼：一作“动”。

⑤ 济：渡。

⑥ 楫：划船用具，船桨。

⑦ 端居：闲居、平常家居。

⑧ 圣明：指太平盛世，古时认为皇帝圣明，社会就会安定。

⑨ 徒：只能。

白话译文

八月的湖水上涨，几乎要与水岸齐平，天空倒映在水中，浑然一体。云梦大泽里的水汽蒸腾，白茫茫一片，波涛汹涌，似乎要把岳阳城撼动。

我想渡水苦于找不到船和桨，圣明时代我却闲居实在羞愧难容。闲坐观看别人在河边垂钓，可惜只能空怀一片羡鱼之情。

创作背景

这是孟浩然投赠给张九龄的干谒诗，当作于唐玄宗开元二十一年（733）。当时孟浩然西游长安，张九龄在相位。写这首诗赠给张九龄，目的是想得到张九龄的赏识和引荐。

趣味故事

孟浩然四十岁的时候以“微云淡河汉，疏雨滴梧桐”两句诗名满京城，王维和张九龄等人都和他成了好朋友。郡守韩朝宗十分欣赏他，招募他为幕僚，还和孟浩然约好日子，要带他去见一些高官，为他引荐。

到了约定的日子，孟浩然正在和一些朋友喝酒谈诗，有人提醒他："你今天不是同韩公有约吗？现在不去赴约而怠慢了别人怕不行吧。"孟浩然反而很不高兴地说："我现在喝着酒如此快乐，管那些事情做什么。"

不懂就问：幕僚是官职吗？

古代的幕府，原指将军的府署，后世将地方军政大吏的府署称作幕府。幕僚是指幕府中的僚属，这些人与正规的朝廷官员有明显区别，他们参与决策和掌握机要。所以幕僚并不是官职，孟浩然一生始终没有进入官场。

史海拾贝

太平公主是李隆基的姑姑，仗着自己拥立哥哥李旦为皇帝有功，经常在朝政上指手画脚。李旦虽然能力不突出，但是他的儿子李隆基精明能干。太平公主担心李隆基威胁到她的权势，天天挑拨李旦另立太子，李隆基与太平公主的矛盾越发激烈。太平公主力劝当时的宰相宋璟一起另立太子，把李隆基搞下台，遭到宋璟强烈反对。

公元712年，李旦看着两人的火药味越来越重，毅然决然把皇位传给太子李隆基。太平公主聚集了一干人手，准备找机会除掉李隆基，甚至给李隆基下毒。李隆基事先接到内应告密，

唐·李昭道　龙舟竞渡图（宋摹本）（现藏于故宫博物院）

决定先下手为强，带着手下杀掉太平公主的同党。太平公主逃入山寺，并请哥哥李旦向李隆基求情，饶她一命。李隆基拒绝了李旦的请求，赐死太平公主，史称“先天政变”。

王湾

次[1]北固山下

客路[2]青山外，行舟绿水前。
潮平两岸阔，风正[3]一帆悬[4]。
海日生残夜，江春入旧年。
乡书何处达？归雁[5]洛阳边。

文字注释

① 次：停宿。

② 客路：旅人前行的路。

③ 风正：顺风。

④ 悬：挂。

⑤ 归雁：北归的大雁。

白话译文

我在郁郁葱葱的青山外游览，在碧绿的江水上行舟。潮水涨满，两岸与江水齐平，整个江面十分开阔，顺风行船恰好把船帆高悬。

夜还未消尽，红日已从海上升起。江上春早，旧年未过新春已来。寄出去的家信不知何时才能到达，希望北归的大雁捎一封家书到洛阳。

作者档案

姓名	王湾	性格特点	人物印象
生卒时间	不详	性格不羁，淡泊名利。	王湾在史书上记载很少，其诗流传不多，却凭借一首《次北固山下》名传千古。
籍贯	洛阳（今属河南）		
身份	唐代诗人		
文学地位	文人典范		
别称	无		
名言名句	常爱南山游，因而尽原隰。		

创作背景

王湾是洛阳人，经常在吴地与楚地之间往来游玩。这天，王湾去江南的途中路过北固山。北固山接临江面，山上树木茂盛，郁郁葱葱。

王湾划船停泊在山下，潮平岸阔，残夜归雁，面对这样美好的情景，触发了心中对家乡的情思，吟成了这首千古名篇。

趣味故事

大约公元 717 年，当时马怀素召集博学之士一起编辑古今书目，书名叫《群书目录》。王湾也在其中，因为编书有功劳被授任洛阳尉。

不懂就问：《次北固山下》这首诗有多著名?

在大唐多如星辰的诗人中，有很多人是凭着一首诗，甚至一句诗而闻名天下。同那些出了名的诗人相比，王湾不算起眼，才情也不出众，但他的名作《次北固山下》，历代唐诗选本都少不了它，尤其“海日生残夜，江春入旧年”两句，更是千古名句。当时的名相张说甚至把这两句诗挂在办公的政事堂前，让学子们瞻仰学习。

这两句诗对盛唐诗坛产生了深远的影响，直到唐朝末年的诗人郑谷都还在说：“何如海日生残夜，一句能令万古传。”

史海拾贝

唐玄宗李隆基除掉姑姑太平公主之后，虽然彻底巩固了皇权，但当时的形势却不容乐观，兵变使朝廷元气大伤，吏治混乱、官僚腐败等问题都急需处理。

李隆基根据需要来选拔人才，姚崇、宋璟、张说、张九龄等人都是被他选拔出来做宰相的。

这些人个个都是栋梁之才，对唐朝的繁荣发展都做出了很大贡献。特别是张九龄，他和唐玄宗一样，看重人的品德和才干，而不是看重背景。吏部选拔官吏时，他一直主张要公正选才、量才而用。对于李隆基的过错，他也及时劝谏，不因为李隆基的知遇之恩而隐瞒实情。

王昌龄

采莲曲①

荷叶罗裙②一色裁③，
芙蓉④向脸两边开。
乱入池中看不见⑤，
闻歌始觉有人来。

文字注释

① 采莲曲：古曲名。内容大多描写江南一带水国风光和采莲女劳动生活情态。

② 罗裙：用细软而有疏孔的丝织品制成的裙子。

③ 一色裁：像是用同一种颜色的衣料剪裁而成的。

④ 芙蓉：指荷花。

⑤ 看不见：指分不清哪些是荷花的绿叶红花，哪些是少女的绿裙红颜。

白话译文

采莲少女的绿罗裙融入荷叶之中，仿佛一色，分不清楚，出水的荷花正朝着采莲女的脸庞开放。少女罗裙与荷叶荷花混杂在小池之中，分不清哪些是绿叶红花，哪些是绿裙红颜，听到歌声才发觉池中有人来采莲。

作者档案

姓名	王昌龄，字少伯	性格特点	人物印象
生卒时间	？—约 756	为人耿介，不拘小节。	王昌龄是颇有才气的诗人，擅长七绝，自始至终都对朝廷充满热爱，胸怀一颗保家卫国、爱民如子的赤子之心，可惜遭到小人嫉恨，死于非命。
籍贯	京兆长安（今陕西西安）		
身份	著名边塞诗人		
文学地位	七绝圣手		
别称	诗家夫子王江宁		
名言名句	但使龙城飞将在，不教胡马度阴山。		

创作背景

担任龙标尉期间，有一次，王昌龄独自在龙标城外面散步游玩，在东溪的荷池，看见了当地酋长的公主阿朵在荷池采莲唱歌。她的脸庞掩映在盛开的荷花中间，鲜艳的荷花正朝着少女的脸庞开放，人与自然，浑然一体，若隐若现，若有若无，给人一种朦胧缥缈的感觉，让人禁不住想问：那是荷叶还是罗裙，那是荷花还是少女？王昌龄被这幅意趣生动的采莲图深深吸引了，于是写了这首诗。

趣味故事

王昌龄小时候，家里十分清贫，他一边认真读书，一边耕种劳作，学习了不少知识。当时的唐朝，道教繁荣兴盛，长大后的王昌龄决定去嵩山学道，借此作为报效朝廷的敲门砖。

学道之后，二十来岁的王昌龄来到首都长安，希望可报效朝廷，可是他举目无亲，也无人引荐，前途一片迷茫。还好，他发现了另外一条报效朝廷的途径，那就是参军。

唐朝进入唐玄宗时代后，在军事上迎来新的高峰。大好男儿最应该上阵杀敌，守护边疆，为国效力。于是，王昌龄决定弃笔从戎，昂首阔步走向了军营，这样的经历后来也让他写出了堪称绝唱的边塞诗作。

不懂就问：王昌龄为什么被誉为“七绝圣手”？

王昌龄尤擅七绝。他的七言绝句善于从景入手，慷慨激昂，意境开阔，从诗体上开拓创新，将豪放悲壮的情怀与空旷苍凉的景色浓缩成七言绝句，让人在短小精悍的篇幅之中，更加具体、更加直接去感受边塞诗的魅力。

无论是语言、意境还是情感，王昌龄的诗都独树一帜，有很高的艺术成就，将七绝推向高峰，最具代表性的就是《出塞》。因此王昌龄被称为“七绝圣手”。

史海拾贝

唐玄宗李隆基登基之后，选贤与能、改革官职，大力整顿吏治，励精图治。大唐在李隆基的治理之下进入全盛时期，国力达到鼎盛，因当时年号为“开元”，史称“开元盛世”，又称“开元之治”。

这个时候的唐朝强大到“三年一上计，万国趋河洛”的程度。唐玄宗的励精图治加上老百姓的辛勤劳作，使得唐朝社会经济空前繁荣，人口规模大幅度增长，商业发达，交通便利，对外贸易也十分活跃，外国商人纷纷来唐朝经商，各个方面都达到了极高的水平。

最能形象说明“开元盛世”的繁荣局面是诗圣杜甫的《忆昔》：“忆昔开元全盛日，小邑犹藏万家室。稻米流脂粟米白，公私仓廪俱丰实。九州道路无豺虎，远行不劳吉日出。齐纨鲁缟车班班，男耕女桑不相失。”这真是一派歌舞升平的盛世景象。

出塞①

秦时明月汉时关②，
万里长征人未还③。
但使④龙城飞将⑤在，
不教胡马度阴山⑥。

文字注释

① 出塞：出关，出征。

② 秦时明月汉时关：这里是秦、汉、关、月四字交错使用，在修辞上叫“互文见义”，即此时的明月和雄关依然和秦汉时代一样。

③ 万里长征人未还：出关万里的那些人到现在都没有回来。

④ 但使：只要。

⑤ 龙城飞将：汉朝名将李广。这里泛指英勇善战的将领。

⑥ 不教胡马度阴山：不教，不叫，不让。胡马，指侵扰中原的北方游牧民族骑兵。度，越过、翻越。阴山，位于今内蒙古中部及河北北部。

白话译文

依旧是秦汉时期的明月和边关，守边御敌远征万里的人还未回来。如果英勇善战的将领如今还在，绝不会让敌人的军队度过阴山。

创作背景

《出塞》是王昌龄早年赴西域时所作，《出塞》是乐府旧题。王昌龄所处的时代，正值盛唐，这一时期，唐在对外战争中屡屡取胜，全民族的自信心极强，边塞诗人的作品中，多能体现一种慷慨激昂的向上精神和克敌制胜的强烈自信。同时，频繁的边塞战争也使人民不堪重负，渴望和平，《出塞》正是反映了人民的这种和平愿望。

趣味故事

在边关待了几年，王昌龄的边塞诗已经声名远播，趁此机会，他选择离开边塞，回到长安，参加大唐的科举考试，金榜题名，进士及第。

名气、才气加持，让王昌龄顺利进入官场，可让他意想不到的是，朝廷只给了他一个秘书省校书郎的职位，一个负责图书校对的小官。

王昌龄在这个职位上一干就是几年，朝廷也没提拔重用他。颇具才名的王昌龄有些沮丧，明明自己满腹才华，却不得重用，他决定再次考试，哪怕考得很好，依然是被授予很低的官职。

官场不得志的王昌龄，渐渐褪去了写边塞诗时的豪情，取而代之的是写宫女思妇怨情的闺怨诗和宫词。王昌龄围绕闺怨诗这个题材进行创作,刻画了封建制度下妇女内心深刻的痛苦，失望之中交织着希望的复杂心理。

不懂就问：什么是互文见义？

互文见义是一种常见的修辞手法。互文是指古诗文中相邻句子中所用的词语互相补充，结合起来表示完整的意思。使用互文见义的修辞手法，第一是为了避免词语单调重复，可以交替使用同义词；第二是满足字数要求、格律限制或者艺术需要，使得文字更加简洁、语言更加凝练。

两个事物同时出现，上文中已经有了，下文中就可以省略另外一个。比如说王昌龄为了使诗句更加凝练，写了“秦时明月汉时关”，在阅读时不能理解成秦朝的明月、汉时的边关，而是指秦汉时代的明月和边关。

理解并掌握互文见义这种修辞手法，我们在阅读鉴赏古人的文学作品时，就能避免陷入对于某些字词特殊用法理解不到位的尴尬，可以帮助我们更好地解读古人作品。

史海拾贝

唐玄宗李隆基统治前期英明神武，任人唯贤，特别是在任命宰相上，有着独到的眼光。他身边的宰相，都有着卓越的治国才能，比如姚崇、宋璟、张九龄等。

公元705年，姚崇协助张柬之发动“神龙革命”，清除张易之兄弟及其党羽势力，逼迫武则天把皇位还给唐中宗。在开元初年，国家需要拨乱反正，走上正轨，唐玄宗就把目光投向了多谋善断的姚崇。

姚崇很有能力，唐玄宗任命他为宰相后，他大力推行新政，积极推进改革，整顿吏治，兴利除弊，抑制权贵，发展生产，为“开元盛世”的出现奠定了一定的政治基础和经济基础，被誉为“救时宰相”，与房玄龄、杜如晦、宋璟并称唐朝四大贤相。

芙蓉楼①送辛渐②

寒雨③连江④夜入吴⑤，
平明⑥送客楚山⑦孤。
洛阳亲友如相问，
一片冰心⑧在玉壶。

文字注释

① 芙蓉楼：故址在今江苏镇江北，下临长江。

② 辛渐：王昌龄的朋友。

③ 寒雨：秋冬时节的冷雨。

④ 连江：雨水与江面连成一片，形容雨非常大。

⑤ 吴：镇江古代属于吴地。

⑥ 平明：天刚亮。

⑦ 楚山：泛指长江中下游北岸的山。长江中下游北岸在古代属于楚地范围。

⑧ 冰心：像冰一样晶莹、纯洁的心。

白话译文

透着寒意的雨与大江连成一片，迷蒙的烟雨在夜里笼罩着吴地，天亮之后送走好友辛渐，只留下了楚山的孤影。到了洛阳，如果有亲朋好友向你打听我的情况，请你转告他们，我的心依然像玉壶里的冰一样干净纯洁。

创作背景

边塞诗写得很厉害的王昌龄，在大唐诗坛颇有盛名，可惜，这些盛名没给他带来好运，没过多久，王昌龄就因为出言不逊被贬出长安。

还好，一年之后，唐玄宗李隆基大赦天下，王昌龄又被召回来。北归途中，他在襄阳拜访了孟浩然。此次见面后，孟浩然旧疾复发，没多久就过世了。后来，王昌龄在巴陵意外遇见诗人李白，两人一见如故，引为知己，在江边的船上吹着晚风喝酒吟诗。

回到长安后，朝廷安排王昌龄去任江宁丞。辛渐是王昌龄的好友，拟由润州渡江，取道扬州，北上洛阳。王昌龄可能陪

唐·郑虔　　峻岭溪桥图（现藏于辽宁省博物馆）

他从江宁到润州，然后在此分别。王昌龄依依不舍，写下了千古名作《芙蓉楼送辛渐》。

趣味故事

唐朝开元年间的一天清晨，芙蓉楼上来了两位诗人，一位是“七绝圣手”王昌龄，一位是王昌龄的朋友辛渐。

昨夜的寒雨已经渐渐停了，空气之中增添了几分萧瑟的

秋意，两人站在楼上，俯视着楼下的长江，眺望着远处的楚山，两人互相交谈。辛渐将要从这里北上，船只已经停泊在岸边了。

“辛兄，此次分别，不知道什么时候才能再见面啊！”

“昨晚你已经给我饯行了，今天又特意来送我，这叫我如何回报你呢，我知道这些年你受的苦，我希望你志存高远，永远热爱生活，好好保重。”

此前的王昌龄，因为不拘小节的性格，受到官场上一些人指责批评，甚至诽谤。“辛兄，你走了之后，我又少了一位知心朋友啊。”

辛渐知道王昌龄在洛阳有不少亲朋好友，于是便问：“此次我去洛阳，你有什么话要我带给他们吗？”

王昌龄想了想，对着浩浩长江水，说道：“有的，我有一首诗要送给他们，一方面是为你饯行，另一方面是表明我的心迹，如果洛阳的亲友们问起我的情况，请你转告他们，我的心始终像玉壶里面的冰一样洁白无瑕，绝对不会被功名利禄和别人的诽谤左右，我始终坚持清白的节操，不会轻易改变。”

不懂就问：送别诗是什么？

古代交通不便，通信也不发达，人们分别之后很难再见面，因此古人很看重离别，在离别之际，还会互相饯行，折柳送别，这在当时是很流行的民间习俗，尤其是在文人墨客中，有的还要吟上几首诗相送，这样一来，离情别绪就成了诗人们吟咏的一个永恒主题。

利用送别诗作为载体，诗人的情感得到寄托，可以是激励劝勉友人，歌颂友情，也可以是寄托诗人的理想抱负，等等。由于当时唐朝经济比较发达，社会风气开阔，所以这个阶段的送别诗也洋溢着积极向上的气息。

送别诗一般会按照时间和地点来描写景物，借此来表达诗人的离愁别绪，从而体现诗人的思想情感。因此，送别诗中经常会出现长亭、柳树、夕阳等意象，诗的题目常会出现赠、送、别等特殊字眼。送别一般有友人之别、夫妻之别、亲人之别、同僚之别，等等。诗人常用的手法一般是直抒胸臆，或者是借景抒情。

史海拾贝

大唐步入正轨后，李隆基想依法治国。姚崇这个人虽然有才干，但缺点也不少，打击政敌，招权纳贿，还搞小集团。李隆基大手一挥，罢免了姚崇。

这时，李隆基又看中了为人耿直、讲原则的宋璟。宋璟任宰相期间，勇于直言上谏，严于律己，并把姚崇时期好的制度继续执行下去。宋璟生怕自己也被罢免，一直谨小慎微，可是一不小心，也犯错了，李隆基继续大手一挥，罢免。

下一个宰相是张嘉贞，来去匆匆，很快就被张说取代。张说颇有才干，在军事上，裁减了二十万边防军，把府兵制改成了募兵制；政治上，改革了宰相机构，把政事堂改成中书门下，增加中书省的权力；文治上，建议朝廷成立丽正书院。在张说辅助下，“开元盛世”发展到了极点。

从军行①

青海②长云③暗雪山④，
孤城遥望玉门关⑤。
黄沙百战穿金甲，
不破楼兰⑥终不还。

文字注释

① 从军行：乐府曲名，内容多写边塞情况和战士的生活。

② 青海：指青海湖。唐朝大将哥舒翰在这里筑城，置神威军戍守。

③ 长云：层层叠叠的浓云。

④ 雪山：即祁连山，山巅终年有积雪。

⑤ 玉门关：古关名，故址在今甘肃敦煌西北。

⑥ 楼兰：西域古国名，这里泛指西域地区的各部族政权。

白话译文

青海湖上蒸腾而起层层叠叠的浓云，把连绵雪山遮得一片黯淡。边塞古城与玉门关遥遥相望。万里黄沙和频繁的战斗磨穿了战士们身上的铠甲，但是他们胸怀壮志，不把侵犯的敌人打败，誓不返回家乡。

创作背景

“黄沙百战穿金甲，不破楼兰终不还”是流传千古的名句。身经百战的将士们即便铠甲都不再完整，却意志坚定地要拿下战地，不打败敌人誓不还乡。

王昌龄就是在这样的环境下度过了军旅时光，他从未忘记保家卫国的初心与志向，在诗中不乏对不畏生死、竭力杀敌形象的描写与歌颂，他见到了安居中原时不曾见过的英勇与惨烈，在艰难的生活中写下了众多千古流传的边塞诗篇。

趣味故事

对朝廷始终一片冰心的王昌龄，没有得到朝廷的回应，反而在公元 748 年，再次被贬谪。朝廷认为他在任上喝酒误事，消极反抗，胡乱说话，虽然这不是什么大的过错，但是依旧被贬为龙标尉。

年过半百的王昌龄，还要再次离家。好朋友李白听了之后，写了那首著名的《闻王昌龄左迁龙标遥有此寄》给他。王昌龄被贬，一般人都唯恐避之不及，可是李白不怕，还写诗安慰他，说明李白是一个重情义的人。

在荒凉的龙标，王昌龄一待就是八九年，此时的他已经年迈，按理说应该安心养老了，可是他依旧没有放弃为国效力。公元757年，正值安史之乱暴发，年过花甲的王昌龄北上还乡。

途经安徽亳州，王昌龄前往拜访刺史闾丘晓。没人知道两人说了什么，也没人知道那天具体发生了什么，结局是王昌龄被闾丘晓无情杀害。至于闾丘晓是不喜王昌龄耿介的性格，还是嫉妒他出众的才华，恐怕只有他本人知道。还好历史是公平的，后来闾丘晓因为贻误军机，被杖杀。

不懂就问：为什么佛教在唐朝迎来兴盛时期？

李世民很看重民族文化的交流，鉴真东渡和三藏取经为此做出了很大贡献。佛教能够广泛传播，原因在于能够给老百姓找到一条精神解脱的道路。

唐朝虽然是盛世，但也经常打仗，很多老百姓过得不好，不是苛捐杂税，就是生老病死。人们就抱着试一试的心理来寺庙里找答案。

佛教自西汉末传入后，发挥了它的社会功效，倡导人们学会忍让，统治者觉得这个办法不错，有助于约束和管理百姓，深思熟虑之后，干脆推广，于是就有了“南朝四百八十寺，多少楼台烟雨中”的景象。

史海拾贝

佛教文化的传入，对中国人的宗教信仰、哲学观念、逻辑思维、语言词汇、文学艺术、礼仪习俗等方面都产生了深刻影响。中国传统的诗词、书法和绘画，很多体现了佛教的内容，同时也吸收了佛教的理念，更加注重境界的表达。中国的建筑

唐·杨升　　蓬莱飞雪图（现藏于故宫博物院）

艺术也受佛教影响。云冈石窟、龙门石窟、敦煌莫高窟等石窟，是中国佛教建筑艺术的结晶，也是中华文化的瑰宝。

佛教盛行，也产生了一定的消极影响。佛教文化宣扬的因果轮回、消极避世等，广修寺庙耗费了大量的钱财，很多劳动力不事生产，严重影响到朝廷财政收入。

王维

九月九日①忆山东②兄弟

独在异乡③为异客④，
每逢佳节⑤倍思亲。
遥知兄弟登高处⑥，
遍插茱萸⑦少一人。

文字注释

① 九月九日：指农历九月初九重阳节。

② 山东：此处指华山以东。

③ 异乡：他乡，外乡。

④ 为异客：作为他乡的客人。

⑤ 佳节：美好的节日。

⑥ 登高：重阳节有登高的习俗。

⑦ 茱萸：一种香气浓郁的植物，古人在重阳节有插戴茱萸的习俗。

白话译文

独自客居异乡，只要遇到佳节就加倍思念亲人。遥想兄弟们今天登高的地方，遍插茱萸时就会想到少了一人。

作者档案

<table>
<tr><td>姓名</td><td>王维，字摩诘</td><td>性格特点</td><td>人物印象</td></tr>
<tr><td>生卒时间</td><td>约 701—761</td><td rowspan="6">性格坚贞，喜欢清静，超然闲适。</td><td rowspan="6">山水田园诗派的重要代表人物之一，诗中有画，画中有诗。</td></tr>
<tr><td>籍贯</td><td>河东（治所在今山西永济西）人，祖籍太原祁县（今属山西）</td></tr>
<tr><td>身份</td><td>唐代诗人、画家</td></tr>
<tr><td>文学地位</td><td>南宗之祖</td></tr>
<tr><td>别称</td><td>摩诘居士、诗佛、王右丞</td></tr>
<tr><td>名言名句</td><td>劝君更尽一杯酒，西出阳关无故人。</td></tr>
</table>

唐・韩干　　牧马图（现藏于台北故宫博物院）

创作背景

少年时代的王维，带着弟弟离开家乡去长安和洛阳游玩。他在诗歌方面已经有了一些名气，逐渐成为了那些王公贵族、达官贵人的座上客。与这些上层人士接触多了，王维就越来越厌倦这样的生活，久而久之，就会产生思念家乡、思念亲人的情感。

一个人的思乡之情，平时也是存在的，只是不一定会表现出来，但是遇到某种载体，最常见的是佳节，就很容易把心中积蓄着的情感爆发出来。王维十七岁那年的重阳佳节，达官贵人们纷纷团聚，登高庆祝，此时弟弟已回乡去了，他心中爆发了一种难以排遣的孤独感和强烈的思乡之情，于是写了这首诗。

这首诗抒发了王维对故乡和亲人深切的思念之情，诗句朴实无华，用词精准，曲折有致，堪称千古绝唱。

趣味故事

良好的家风加上极具天赋，小时候的王维已经可以弹奏各种乐器，书画也很棒，成了有名的神童。

可是好景不长，父亲突然离世，王家一下子失去了最大的靠山，此时的王维才九岁。

母亲带着王维几个兄弟姐妹艰苦度日，每天都会拿刺绣出去卖补贴家用，王维跟弟弟为帮母亲减轻负担，摆地摊卖字画，写文章赚钱。

十五岁的王维，心中有梦，眼里有光，肩上有担当。他踏上了前往首都长安的追梦之旅。在长安待了一段时间，一个重阳节，王维看到人们都在登高，想到自己远离家乡，孤身在外，提笔写下了这首诗。

那一年，王维才十七岁。王维成名的时候，大诗人李白还是无名之辈，诗圣杜甫还是个少陵野小子。

不懂就问：表示官员职务变动的词有哪些？

除：表示拜授官职。

拜：授予官职。

陟：指官员的提升。

擢：提拔任用。

赏：由皇帝特旨颁布，赐予臣子官职、官衔或爵位。

迁：改官。有三种情况：一是平调，二是升迁，三是降职。古代常在迁的前后加上字加以区别。比如迁受、迁除、迁进表示升迁；迁调、迁官、转迁说明调职；迁谪、迁削、左迁常指被降职。

谪：降职，往往指因获罪而被降职或流放。

放：放逐，流放。

黜：贬退，废除，降官。

出：出仕，出任。可以是出仕做官，也可以由京官改任地方官。

徙、转：一般表示调职。

征、辟：征召贤士为官。

史海拾贝

唐朝建立后，实行三省六部制。这是古代封建社会一套组织严密的中央官制，确立于隋朝，完善于唐朝，此后一直到清朝末期，六部制基本沿袭未改。三省，指的是中书省、门下省、尚书省；六部，指的是尚书省下属的吏部、户部、礼部、兵部、刑部、工部。三省六部主要作用是掌管中央政令和政策的制定、审核与贯彻执行。

三省六部制的特点在于分散了丞相及中央机构的权力，把相权“一分为三”，各个部门之间既有分工，又有合作，大家互相牵制和监督，有利于提高决策正确性和行政效率；同时，为了限制地方割据势力产生和发展，又把尚书省分为六部，部门之间相互牵制，推动了机构运转。其中，吏部主要是负责官吏的选拔、考核、奖赏等；户部主要负责户籍、土地、粮食储备和市场交易等；礼部主要是负责科举考试的礼仪、祭祀等；兵部主要负责军队的管理、训练等；刑部主要负责刑狱等；工部主要负责土木工程和农田水利等。六部之中，每部的下面又细分四个司，共有二十四个司。

三省六部制的好处是加强了皇权，削弱相权。在封建社会，不同时期的统治者为了加强君主专制，做了一些调整和补充。

鹿柴①

空山不见人，

但②闻人语响。

返景③入深林，

复④照青苔上。

文字注释

① 鹿柴：辋川的地名。

② 但：只。

③ 返景：夕阳返照的光。

④ 复：又。

白话译文

山中空旷寂静看不见一个人，只听到一阵人语声。夕阳的一抹余晖反射到深林里，又照到林中的青苔上。

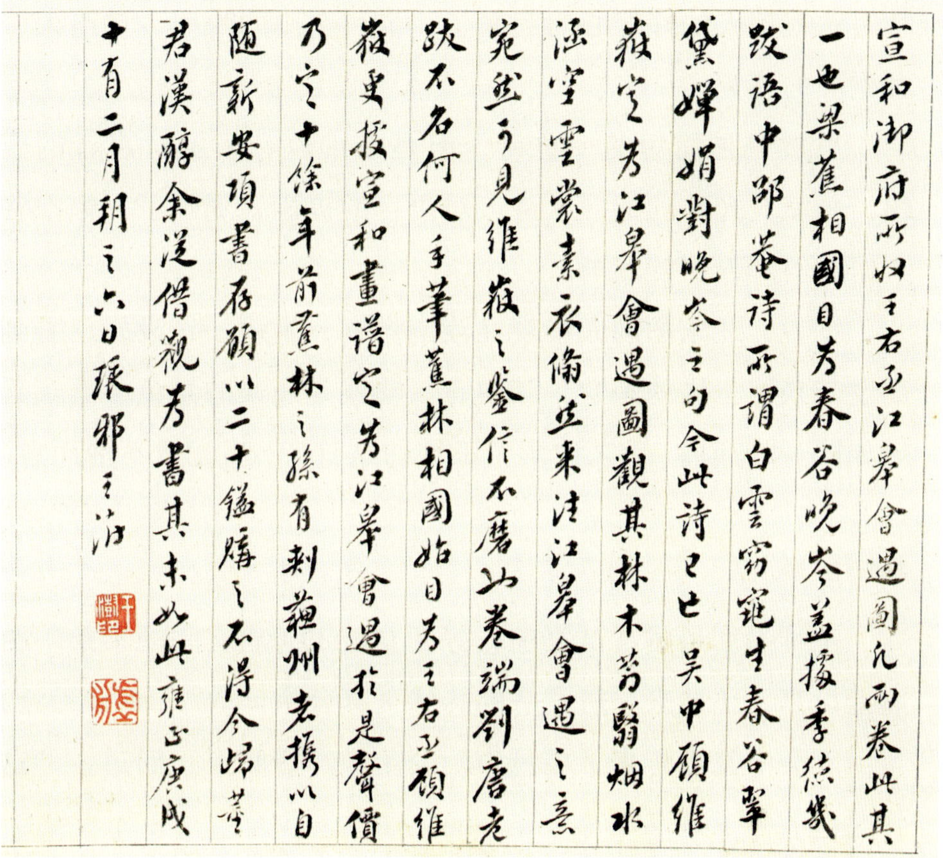

唐·王维　江皋会遇图（跋文）（Dr. Stephen Hwa 收藏）

创作背景

唐玄宗天宝年间，王维在终南山下买了辋川别业，鹿柴是其中的一处胜景，这首诗主要是描写鹿柴附近的空山深林在傍晚时分的景色。

这首诗的绝妙之处在于以动衬静，以局部来衬托全局。空谷传音，说明很空旷幽深，人的声音传过，显得更加空旷，这种写法就把人的好奇心勾起来了，最后夕阳的映照，更给人一种幽静的感觉。

虽然只是简短的一首诗，但是王维以音乐家对声音的感悟，画家对光感的把握，诗人对语言的提炼，刻画了一幅空谷人语，斜辉返照的图画。

据说，北宋的词人秦观在汝南做官，生病一直没好，看到朋友带来了王维的画卷，其中有一幅就是鹿柴的景色，秦观看后如同身临其境，后来他读了王维的这首诗，病竟然不治而愈。

趣味故事

王维参加科举考试之前，好朋友岐王（唐玄宗的弟弟）在府上设宴，还请来了唐玄宗的妹妹玉真公主。

宴会中忽然传来了琵琶声。公主被声音吸引，问道：“这弹琵琶的公子是谁？”

岐王回答：“他是一个擅长音律的人。”曼妙的音乐缓缓而出，人们听得如痴如醉。

弹奏结束之后，公主又问：“这首曲子，我怎么从来没有听过？是谁写的？”

这时，王维雅步上前，恭敬地回答：“公主，这首曲子叫《郁轮袍》，是一首新曲。”

“你除了会弹曲子，还会什么？”

“我还会写诗，绘画，书法。”

王维便趁热打铁，把早就准备好的诗稿献给公主。公主读完诗稿，非常惊讶，说道：“这些诗我都读过，没想到是你写的。如果你参加科举考试的话，我一定极力推荐。”

在公主的举荐下，开元九年（721），王维进士及第，赢得唐玄宗的青睐，当时就任命他为太乐丞。

不懂就问：什么是以动衬静？

以动衬静是一种衬托的方式，用动态的景物来反衬静态的景象，从而烘托出一种更加静谧的氛围的一种表现手法，比如王维的《鹿柴》就是以动衬静。其他常见写景的表现手法还有以静衬动、动静互衬等。

史海拾贝

唐朝当时比较流行“公荐制度”，就是参加科举考试不仅要有实力，而且还需要朝中重要人物的推荐，这样才有高中的机会。比如，王维得到公主的推荐，才有机会一举高中。

唐朝的科举制度不仅看重考生的成绩和分数，还看重考生的品德、才华和声望。

因为公荐制度的出现，唐朝的学子之间有一个声望德行榜——“榜贴”，主考官可以根据“榜贴”上面的学子名字，预定及第名次的人员名单。因此考生们在参加考试之前，会向朝廷的达官显贵呈送自己的作品。

山居秋暝[1]

空山[2]新[3]雨后，天气晚来秋。
明月松间照，清泉石上流[4]。
竹喧[5]归浣女[6]，莲动下渔舟。
随意[7]春芳[8]歇[9]，王孙[10]自可留[11]。

文字注释

① 暝：日落时分，天色将晚。

② 空山：空旷、空寂的山野。

③ 新：刚刚。

④ 清泉石上流：指雨后的景色。

⑤ 竹喧：喧，喧哗，这里指竹叶发出沙沙的声响。

⑥ 浣女：洗衣物的女子。

⑦ 随意：任凭。

⑧ 春芳：春天的花草。

⑨ 歇：尽。

⑩ 王孙：原指贵族子弟，此处指诗人自己。

⑪ 留：居。

白话译文

空旷的山野中刚刚下过一场雨，天色将晚让人感到已经是初秋。明月从松树细缝间稀稀疏疏洒下来一些清光，清清的泉水在山石上淙淙流淌。

竹叶发出沙沙的声响，此时洗衣服的姑娘们归来了，莲叶轻轻摇晃像是上游荡下轻舟。春天的芬芳何不让它自由消失，眼前的秋景足以让人流连忘返。

创作背景

这首诗是王维的山水名篇。初秋的傍晚，空气清新，雨后万物为之一新，皓月当空，虽然秋天花花草草都谢了，可是还有青松如盖，山泉清冽，在月光下面闪闪发光，生动表现了幽静明洁的自然之美。王维自身也是心志高洁之人，月下的青松，石上的清泉，正是他追求的理想境界。

唐·王维　　江皋会遇图（局部）（Dr. Stephen Hwa 收藏）

竹林里面传来了天真无邪的洗衣姑娘的欢声笑语，荷叶掀翻了像珍珠般晶莹的水珠，划破了这荷塘月色的宁静。在这青松明月、翠竹青莲之中，人们想必是无忧无虑、勤劳善良的。

王维本来就心志高洁，在空山之中找到了一个称心如意的世外桃源，他觉得山中比朝中更好，在这世外桃源之中，可以远离官场而洁身自好，不如归隐于此，这首诗寄托了王维高洁的情怀和对理想境界的追求。

趣味故事

有一年的重阳节，宫中乐队正在彩排，身为太乐丞的王维正在紧张有序地排练着《五方狮子舞》。

他的好朋友岐王来看他，王维安排了好酒好菜招待，相谈

甚欢，一来二去，两人喝得酩酊大醉。岐王提出想看黄狮子舞，这舞只有皇帝才能看，但是两人都喝高了，没想那么多。

第二天，唐玄宗知道这件事情之后，龙颜大怒，太监说，“黄”与“皇”同音，那是皇上看的，这是不尊圣上的大罪。唐玄宗立刻下旨将王维贬到济州当了一名仓库管理员。

王维不会明白，他被贬官的背后可能是皇帝对岐王的猜疑、对王维和岐王走得太近的防备、同僚对他的嫉妒……

当他泪流满面站在母亲的面前，母亲问他：“你知道我为什么给你取名王维，字摩诘吗？”

王维答道：“因为维摩诘是高僧，母亲把他的名字拆开给我取名，希望我这辈子干干净净，内心清净。”

不懂就问：为什么诗人都会有山水情结？

第一，诗人骨子里都有一种隐士情怀。当官的时候，不被朝廷重用，学说不被认可，政见不受推崇，悲剧意识就会爬上心头，尔虞我诈的官场无法大展拳脚，不如在乡野之间欣赏山水，写诗作文，造福民生。这样一来，情感丰富了山水，山水也造就了诗文，先是景观被写入文章，后来文章也变成景观。

第二，古代诗人的思想大都受到宗教和流派的影响。他们的思想里和文章里都有一种信仰，是不容侵犯的。阅读他们的诗会发现，讴歌山水的美成为一个必不可少的课题，其实这很大程度上是受到庄子美学思想的影响。

第三，自然景观本身的原因。山水美景对人有一种天然的怡情移性的作用。南北朝画家宗炳认为观山水就是观道，同时肯定了山水“畅神”的审美功能。置身山水之中能给人一种闲适愉悦的感受。

史海拾贝

唐朝的中央官制还有一套体系叫九寺五监：太常、光禄、卫尉、宗正、太仆、大理、鸿胪、司农、太府叫九寺；国子、少府、军器、将作、都水叫五监。

为了监督各级行政机构对朝廷政令的实施情况，大唐还继续沿用御史台，御史台的官员可以检举和弹劾那些违反朝廷法令和规矩的官员。

这样一来，三省六部、九寺五监、御史台一起，共同构成一个完整的朝政决策、执行、监察系统。

唐朝行政区划、地方的行政管理制度是中国历代行政区划沿革中比较重要的转折时期。唐朝疆域辽阔，初期将郡改称州，后在较长时期内，唐朝采用了“道、州、县”三级制。“道”的实际权限相互间差异很大，变革繁多。后期唐朝疆域逐渐趋向藩镇割据的分裂状态，行政区划的记载已经非常不完整。

送元二①使②安西③

渭城④朝雨⑤浥⑥轻尘，
客舍⑦青青柳色新。
劝君更尽⑧一杯酒，
西出阳关⑨无故人⑩。

文字注释

① 元二：姓元，排在第二，王维的朋友。

② 使：出使。

③ 安西：指唐代安西都护府。

④ 渭城：秦时咸阳城，汉代改称渭城，在今陕西咸阳东北，位于渭水北岸。

⑤ 朝雨：早晨下的雨。

⑥ 浥：湿润，沾湿。

⑦ 客舍：驿馆，旅舍。

⑧ 更尽：再喝干，再喝完。

⑨ 阳关：古关名，故址在今甘肃省敦煌西南。

⑩ 故人：老朋友。

白话译文

渭城清晨的细雨打湿了路边尘土，驿馆边的杨柳格外翠绿清新。劝您再喝完这杯离别的美酒，向西走出了阳关就再难遇到老朋友。

创作背景

这首诗是王维送好朋友元二去西北边疆时写的，大约写在安史之乱之前，送行的地方是渭城。王维从首都长安一直送到了渭城旅店，到了分别的地方，写了这首诗送给元二。

自汉代以来，阳关一直都是从内地去往西域的通道，唐代以来，内地与西域的往来更加频繁，出使阳关，一直都是令人向往的壮举。好朋友元二虽然要去西域，可是会经历长途跋涉，一路必定艰辛。

因此，王维才会劝元二多喝几杯酒，因为这里面不仅有依依不舍的朋友情谊，还包含着对元二深切的关心和珍重的美好祝愿。再干了这杯酒吧，出了阳关，可就再难见到老朋友了。

趣味故事

仕途不顺的王维，再次横遭命运打击，妻子因为难产而死，连同孩子一起永远离开了他。

那一夜，王维彻底懵了，短短几年之间，功名利禄、亲情，这些他曾经拥有的一切，都没有了。此后，王维的诗画少了一些真性情，多了一些真禅意。

被贬的王维，遇到了好朋友岑参、崔颢和高适，他乡遇故知的喜悦不言而喻，尽管这里条件艰苦，但是比起朝廷里的钩心斗角，不知要好上多少倍。

王维与朋友们在边塞一起打猎，一起骑马，茫茫大漠留下了他们游览的足迹。这种生活每天都是崭新的，充满希望和挑战，他重新爱上了生活。

朋友之间总是免不了要离别。在大漠里，在篝火旁，在柳树边。

王维为前往安西都护府任职的好友元二送行所作的《渭城曲》后来也成了人们广为传唱的送行之歌。

不懂就问：什么是《阳关三叠》？

《阳关三叠》是古代的一首琴曲，根据王维写的《送元二使安西》谱写而成的一首送别之曲，因为这首诗中有“渭城”和“阳关”等地名，又叫作《阳关曲》《渭城曲》，这首曲子一般用于送别场合，借此表达对即将远行友人那种无限关怀、留恋不舍的真挚情感。

史海拾贝

唐朝前期实行均田制，这是一种按人口分配土地的制度，耕种的部分土地到了一定年限之后要归还，农户死后部分土地要还给官府。

均田制的实施，进一步肯定了土地的所有权和占有权，一定程度上减少了田产纠纷，更利于那些无主荒田的开垦，对于农业生产的恢复和发展起到了积极作用。

但均田制也有很大的弊端。一般情况下，妇女、奴婢等分不到田地。土地分配出去之后，可以按规定买卖，这样一来，就产生了土地兼并的问题。到了唐玄宗时代，由于社会生产力提高，商品经济繁荣发展，土地兼并问题越来越严重，朝廷的土地被通过各种手段变成了私有土地，官府能够控制的土地越来越少，最后根本无法控制。

鸟鸣涧①

人闲②桂花③落，夜静春山④空⑤。
月出⑥惊⑦山鸟⑧，时鸣⑨春涧中。

文字注释

① 鸟鸣涧：鸟儿在山涧中鸣叫。

② 人闲：指人没有事情干扰。闲，安静、悠闲，含有人声寂静的意思。

③ 桂花：此指木樨，有春花、秋花等不同品种，这里写的是春天开花的一种。

④ 春山：春天的山中。

⑤ 空：空寂。

⑥ 月出：月亮逐渐升起。

⑦ 惊：惊动，扰乱。

⑧ 山鸟：山中的鸟。

⑨ 时鸣：偶尔啼叫。时，时而，偶尔。

白话译文

人声寂静，只有春天的花在无声飘落，夜里一片静谧，春天的山谷里寂寂空空。明月升起的光辉，惊动了山中的栖鸟，偶尔在这春天的溪涧中啼叫。

创作背景

这首诗写于王维游历江南之时，是为好朋友皇甫岳居住的云溪别墅所写的组诗中的第一首诗。

王维的山水诗中，喜欢创作出静谧的环境。这首诗中写的花落、月出、鸟鸣都是动的意象，显得生动有趣而不枯寂，而且以动衬静，反而更加突出了春涧的幽静，生动地勾勒出一幅“鸟鸣山更幽”的诗情画意图。

趣味故事

中年丧妻，老年无子，淡泊名利的王维，开始将自己的爱深深藏在心里，此后30年独居，终身未娶。他开始游山玩水，希望山水的温柔，可以治愈他心灵的创伤。

王维开始南下，一路走，一路写，寄情山水，畅快洒脱。

沿路的青山绿水渐渐平复了他的心，这段时间，他写了著名的《鸟鸣涧》和《山居秋暝》。

既然老天爷要让我一无所有，那么我干脆什么都不要了，不如寄情山水，只看山水，去追求内心真正的安宁。

不懂就问：王维和孟浩然为什么被称为“王孟”诗派?

人们提起王维和孟浩然，总会说“王孟”，因为他们是大唐山水田园诗人的代表，陶渊明开创田园诗派，王维和孟浩然把这个诗派推向了顶峰，无人超越。

王维和孟浩然擅长描写自然风光、农村景色和安静的隐居生活，两人继承了陶渊明、谢灵运的山水诗传统，推动山水诗走向成熟，形成了与边塞诗派交相辉映的山水田园派。

王维的山水诗，既有雄浑壮观的自然景象，也有清逸雅致的山水画面；孟浩然追求淡泊宁静的自然山水，追求诗歌的最高境界自然美，因此两人又被称为“王孟”诗派。山水田园诗的出现，从侧面折射出了盛唐时期社会安定，人民安居乐业，人们积极向上、开朗乐观。

史海拾贝

西魏权臣宇文泰，在均田制的基础上创立了府兵制，这个制度一直沿用到唐玄宗开元天宝年间。

府兵制是古代的一种兵制，最重要的特点就是兵农合一。简单来说，府兵平时就是耕种土地的农民，农忙的时候种庄稼，农闲的时候加强训练，发生战争时，府兵们自己准备战斗的武器和马匹出征。

中央设置专门的军府，全国各地都有负责选拔训练府兵的府衙折冲府（府兵制基层组织军府的名称），专门设置将领，被选拔训练的农民服役期限一般是二十一岁到五十九岁。

当时将老百姓的户口分为九个等级，按照规定，处于下三等的老百姓没有当兵的资格，只有处于中等和上等的百姓，自己愿意当兵的，由政府来挑选。

府兵制的设立，不仅大大节省了朝廷庞大的军费开支，而且还进一步保障了农业发展，但是，由于战备物资要农民自备，这就加大了农民的负担。

打仗的时候，出征的将领由朝廷派遣，兵部还会给将领发鱼符，要等地方刺史和折冲府将领一致同意，才能发兵。战争结束之后，将领回到朝廷，农民回去种地，这样能有效防止将帅拥兵自重。

竹里馆[1]

独坐幽篁[2]里，
弹琴复长啸[3]。
深林[4]人不知，
明月来相照[5]。

文字注释

① 竹里馆：辋川别墅二十景之一，应当是建在竹林里的屋舍。

② 幽篁：幽深的竹林。篁，竹林。

③ 啸：嘬口发出长而清脆的声音，类似于打口哨，这里指吟咏、歌唱。古代的一些超逸之士常用来抒发感情。魏晋名士称吹口哨为啸。

④ 深林：这里指“幽篁”。

⑤ 相照：照射我，意思是明月来陪伴我。

白话译文

我独自坐在幽深的竹林之中，一边弹琴一边高歌长啸。谁都不知道我在竹林深处，只有明月相伴左右，静静照耀。

创作背景

开元末年，奸臣李林甫开始得势，把兢兢业业治理国家的张九龄排挤出朝廷，政治局势发生重大变化。王维仕途坎坷，四十岁以后就过着半官半隐的生活。

晚年的王维，喜欢安静，不关心那些繁杂的事情，经常独自坐在幽深的竹林之中，弹琴抒怀。

虽然深林之中只有自己，但他并未感到孤独，因为皎洁的月亮似乎很懂自己，时时照耀自己，俨然与他成了知己。此时此刻，王维的心境已经与大自然的美景融为一体。

王维的这首小诗很简单，语言平实，既找不到哪个字是这首诗的诗眼，也没有哪一句是警世恒言。它的绝妙之处恰好就在于以平淡自然的笔调，描绘出了清新雅致的月夜幽林的意境，反而蕴含着一种特殊的艺术魅力。

趣味故事

就在王维对朝廷心灰意冷的时候，传来了一个好消息，严明正直的张九龄出任唐朝宰相。王维按捺不住内心的激动，给张九龄写了一封信，想重新返回官场，继续为国效力。

张九龄很赏识王维，马上任命他为右拾遗，这个官职虽然不大，但是可以接近皇帝，以后会有升迁的机会。王维没有辜负张九龄的期望，从八品官做到了五品官，成了张九龄的左膀右臂。

开元二十八年（740），朋友们接连离王维而去，亦师亦友的张九龄，也与世长辞。回到京城长安的王维，发现这座曾经充满希望的城市已经被李林甫搞得乌烟瘴气，满朝大臣们噤若寒蝉。

李林甫当了 19 年的宰相，是唐玄宗在位期间任用时间最长的宰相，后期的李林甫大权独握，一家独大，排斥贤才，听不进别人的意见。他向皇帝建议重用胡将，使得安禄山势力越来越大，因此，李林甫被认为是使唐朝由盛转衰的关键人物之一。

此后，王维开始过起了半官半隐的生活，有事就上朝，没事就回家，抽空写诗、作画。

不懂就问：什么是诗眼？

诗眼就像人的眼睛一样，指一首诗中最能开拓意旨和表现力最强的关键词句。一种是诗词句中用得最精练传神的某个字眼，这个字概括了一首诗词要表达的意思；另一种是一首诗中最精彩和最关键的诗词句子，具有统摄全篇的作用。

有了诗眼，使得诗词中的形象更加鲜活，韵味更加深长。一首诗的诗眼，可以带动全篇。诗眼一般存在于标题或者是中心句之中，是理解一首诗歌的钥匙。抓住了诗眼，就会明白诗的主旨，进而可以更好更准确地赏析诗歌。

史海拾贝

为了加强边疆管理，唐朝设置了节度使。

那么节度使到底是什么？唐初时候，经常对外打仗，会在重要地区设置总管统兵，这些人是节制调度的军事长官，当时还设置了管理军需调度的支度使，管理屯田的营田使。

后来战事停止，为了驻守边疆，朝廷就在边疆各个地方安排重兵把守，皇帝派人去这些地方的时候，会给他旌节，表示被任命的人有节制调度之权，所以叫作节度使。

唐玄宗李隆基继位后，觉得节度使权力有点小，让节度使又兼任所在道监督州县的采访使，这样一来，节度使集一个地方的军政财三权为一身，权力更大。

因为边疆军队构成复杂，朝廷要统筹调度起来特别麻烦，交通不发达，距离皇帝又远，有什么急事也来不及汇报，全靠节度使自行决断。

到了唐朝中后期，节度使的势力大大加强，已经到独揽大权的地步，比如唐玄宗时期边镇十个节度使拥兵四十九万，而中央禁军不过十二万人。

当过节度使的人，一般有很大机会升任宰相。唐玄宗时期，有个人兼任了三个地方的节度使，深得唐玄宗的喜爱，这个人就是安禄山。中央的兵力又少又弱，边疆的兵力又强又集中，这也为后来的安史之乱爆发埋下了伏笔。

使至塞上①

单车②欲问边③，属国④过居延⑤。
征蓬⑥出汉塞，归雁⑦入胡天⑧。
大漠⑨孤烟⑩直，长河⑪落日圆。
萧关⑫逢候骑⑬，都护⑭在燕然⑮。

文字注释

① 使至塞上：奉命出使去边塞。使，出使。

② 单车：一辆车。表明此次出使随从不多。

③ 问边：慰问边关守军。

④ 属国：典属国的简称。汉代称负责少数民族事务的官员为典属国。诗人在这里借指自己出使边塞的使者身份。

⑤ 居延：地名，在今甘肃张掖北。这里泛指辽远的边塞地区。

⑥ 征蓬：飘飞的蓬草，古诗中常用来比喻远行之人。

⑦ 归雁：雁是候鸟，春天北飞，秋天南行。这里指大雁北飞。

⑧ 胡天：胡人的领地。这里指唐军占领的北方。

⑨ 大漠：大沙漠，此处大约是指凉州之北的沙漠。

⑩ 孤烟：指烽烟。据说古代边关烽火多燃狼粪，因其烟轻直且不易为风吹散。

⑪ 长河：指黄河。

⑫ 萧关：古关名，故址在今宁夏固原东南。

⑬ 候骑：负责侦察、通信的骑兵。

⑭ 都护：官名，汉代始置，唐代边疆设有大都护府，其长官称大都护。这里指前线统帅。

⑮ 燕然：古山名。这里代指前线。

白话译文

轻车简从要去慰问守卫边疆的官兵，我要到远在西北的边塞已过居延。自己像随风而去的蓬草一样出使边塞，像北飞的大雁一样进入大漠。

在浩瀚的大沙漠中，看到边防的烽烟一直向上，黄河之上落日浑圆。到了萧关遇到侦察的骑兵，侦察兵告诉我：“都护还在前线呢。”

唐·吴道子 八十七神仙卷（局部）（现藏于北京徐悲鸿纪念馆）

创作背景

唐玄宗开元二十四年（736），吐蕃发兵攻打唐朝西北边塞的属国小勃律。737 年春天，河西的节度副大使崔希逸大破吐蕃军队。唐玄宗让王维以监察御史的身份出使凉州，出塞宣慰，察访军情，并且担任河西节度使判官。这首诗就是写于此次出塞途中。边疆沙漠，浩瀚无边，画面开阔，意境雄浑，王维把自己的孤寂情绪巧妙地融化在广阔的自然景象之中，抒发了漂泊天涯的悲壮情怀和孤寂之情。

趣味故事

奸相李林甫上台后，把大唐搞得乌烟瘴气。王维实在看不过去，写诗为恩师张九龄发声，遭到排挤，李林甫任命他以监察御史的身份出使凉州。

唐开元二十五年（737）的大漠里，一排排马车留下的痕迹像是一条条蜿蜒的大蛇在沙漠里延伸，坐在车里的王维内心充满了感伤，此时的他，觉得命运从来没有掌握在自己的手中，每当他觉得人生找到希望的时候，命运又无情地反转。

王维觉得他的一生就像是漫天飘飞的蓬草一样，无依无靠，不知道最终归宿在哪里。忽然，一条长河横在他的眼前，圆圆的落日在荒凉的沙漠之中变得如此温暖，远处的一道孤烟像一把利剑直指苍穹，王维被眼前的景象深深震撼住了。

现在人们只要一看到沙漠、落日，脑袋里面想到的第一句诗，一定是“大漠孤烟直，长河落日圆”。

不懂就问：唐朝主要都城都有哪些？

上都长安：在今天的陕西西安。历史上曾有镐、酆京、酆镐、咸阳、长安、常安、京兆、大兴、永兴、奉元等名字，又称为京都、西京、西都、镐京、凤城、斗城。其中长安最常见和著名。

东都洛阳：在今天的河南洛阳。武则天时期叫神都，历史上曾有洛邑、雒邑、雒阳、亳、河南、成周、新大邑等名字。

南都成都：在今天的四川成都，又叫蜀都。

北都太原：在今天的山西太原。自商周以来太原地区一直都是北方重要的军事、政治、经济文化中心，也是华夏文明的中心地带。又与京都长安、东都洛阳并称“三都”“三京”。

西都凤翔：在今天的陕西宝鸡。公元757年，以成都为南京，凤翔为西京，长安为中京，与东京洛阳、北京太原并称为“五京”。

史海拾贝

唐玄宗后期，府兵制遭到了严重破坏，军队越来越难管理。边患越来越多，需要的兵也就越来越多，原来规定府兵3年一代很难满足守护边疆的需要，再加上军队中腐败日益严重，将帅们侵吞士兵的财物，强迫士兵干苦力，因此没人愿意当兵。到了天宝八年，折冲府已经没人来当兵了，朝廷不得不停止征府兵，改为募兵制。

募兵制就是由朝廷招募丁男（已经达到服役年龄的成年男

子）来当兵，给他们提供衣食住行，免掉他们的赋税，大大减轻了农民们的负担，节省了府兵们来回奔波的物资消耗，提高了军队战斗力，对于朝廷建立一支强有力的军队有积极作用。

但是，募兵制招募的士兵是以当兵为职业，不再是农民，将帅们长期统领一支熟悉的军队，将帅与士兵之间就有了隶属关系，也为藩镇割据的形成埋下了种子。

李白

古朗月行（节选）

小时不识月，
呼作①白玉盘。
又疑②瑶台③镜，
飞在青云端。

文字注释

① 呼作：称为。

② 疑：怀疑。

③ 瑶台：传说中神仙居住的地方。

白话译文

小时候不认识月亮，把它称为白玉盘。又怀疑它是瑶台中的仙镜，飞在青云之上。

作者档案：

姓名	李白，字太白，号青莲居士	性格特点	人物印象
生卒时间	701—762	爽朗大方，豪放不羁，侠肝义胆，仙风道骨，飘然不群，喜欢喝酒，藐视权贵。	在唐代多若繁星的诗人中，李白是最卓尔不群的，同时精通五言律诗和七言律诗，在诗词的王国里，他是最有仙气的，最让人印象深刻的，也是最有魅力的。
籍贯	出生于西域，幼时随父迁居锦州昌隆（今四川江油）		
身份	唐代伟大的浪漫主义诗人		
文学地位	唐诗第一人		
别称	谪仙人、诗仙		
名言名句	仰天大笑出门去，我辈岂是蓬蒿人。		

创作背景

公元755年，唐朝将领安禄山与史思明背叛朝廷发动战争，史称“安史之乱”。这首诗写于安史之乱之前。

在安禄山还没有发动叛乱之前，不轨之心已经昭然若揭，李白看出了安禄山的祸心，写了这首诗。

本诗全篇共十六句，这里是前四句，看似写月，实则隐喻之前的开元盛世在李白心目中如明月在儿童心目中一样，表达了对开元盛世的向往和追崇。

趣味故事

我们都知道李白是一个大诗人，并且都很熟悉他，但你们知道吗，李白不但是一个诗人，同时也是一个武功高手，精通剑术。李白很喜欢行侠仗义，打抱不平。

他二十多岁便离开家乡，一身白衣似雪，仙气飘飘，举手投足之间一首千古绝唱就会产生。李白行走江湖，在唐朝的大地上四处游历，是个诗人，同时也是侠客。

不懂就问：什么是浪漫主义？

浪漫主义是文艺创作基本方法之一，与现实主义同为文学艺术史上的两大主要思潮。浪漫主义在反映客观现实上侧重从主观内心世界出发，通常是作者抒发对自己理想世界的热烈追求，常用热情奔放的语言、瑰丽的想象和夸张的手法进行文学创作。

史海拾贝

公元696—697年，居住在营州的契丹族发生叛乱，史称“营州之乱”。营州之乱虽然很快就被镇压下去了，但是在东北边疆，少数民族将领大祚荣带着族人占据了东牟山，还在上面修

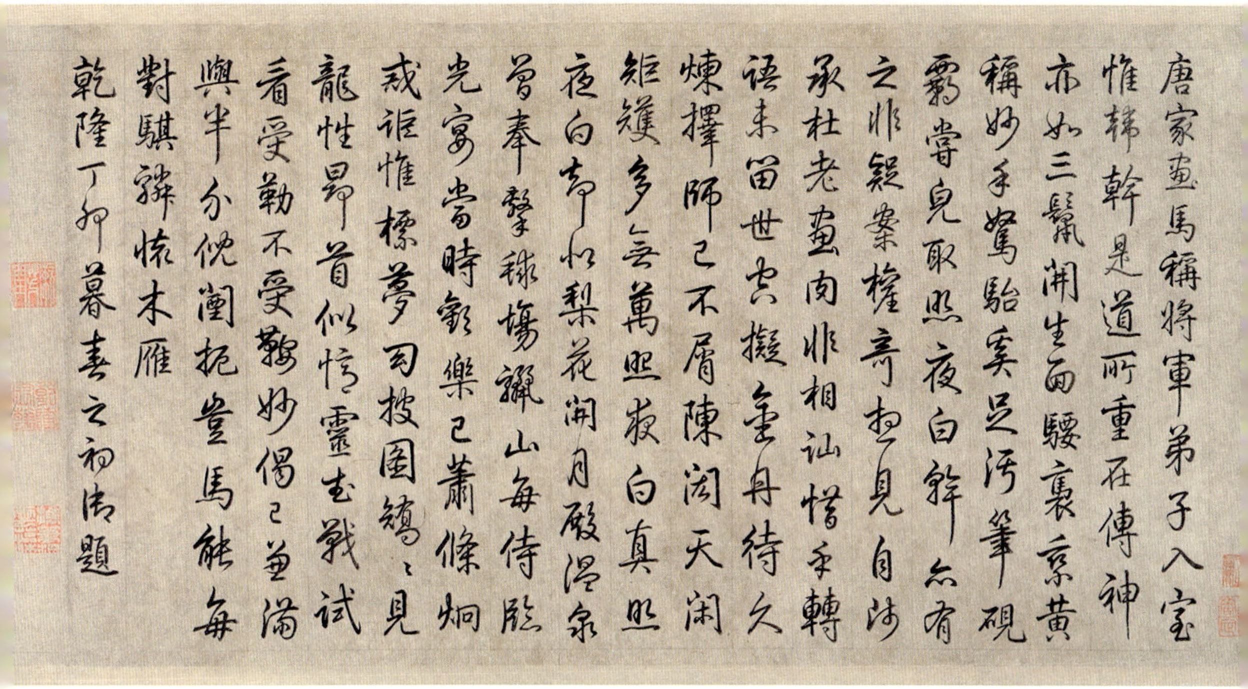

唐·韩干　照夜白（鉴赏题字）（现藏于美国大都会艺术博物馆）

建城池，建立了震国，称自己为“震国王”。

当时的皇帝武则天，束手无策，又隔得远，就任由其发展。

直到唐玄宗即位，玄宗一看，竟敢在我的边境上建立国家。他就派遣使者前往震国，顺便展现了一下大唐的武力。

震国人很识趣，于是唐玄宗在此建立渤海都督府，将震国改为渤海国，从此成为唐朝统治区域内的地方民族政权。

赠汪伦

李白乘舟将欲行，
忽闻岸上踏歌①声。
桃花潭②水深千尺，
不及③汪伦送我情。

文字注释

① 踏歌：唐朝民间流行的一种手拉手、两脚踏地打节拍的风俗歌舞形式，可以边走边唱。

② 桃花潭：地名，位于今安徽泾县西南。

③ 不及：不如。

白话译文

我乘上小船，刚想要解缆出发，忽然听到岸上传来悠扬的踏歌之声。看那桃花潭水，纵然深有千尺，还是不如汪伦来送我的情谊。

创作背景

唐玄宗天宝年间，作为一个浪漫主义诗人，李白满脑子都是诗和远方，于是他再次背上行囊，四处游历。游着游着，他便来到了安徽泾县附近。泾县外的一个村庄里住着一个人，名叫汪伦。

汪伦很是仰慕李白，听到李白来了，便极力邀请李白到家里做客。李白欣然前往，并且和汪伦结下了深厚的友谊。

李白要离开了，汪伦依依不舍，追在李白身后送别李白，李白很感动，写下了这首诗送给汪伦。

趣味故事

唐朝有很多著名诗人，李白是当之无愧的第一人，喜欢李白的人遍布天下。汪伦就很苦恼，他想怎么才能请李白到家里做客呢？

汪伦便给李白写了封信。

汪伦："听说你要到泾县来啦？"

李白："嗯，你有事？"

汪伦："我听说你喜欢游山玩水，我们村子里有十里桃花。"

李白："真的吗？"

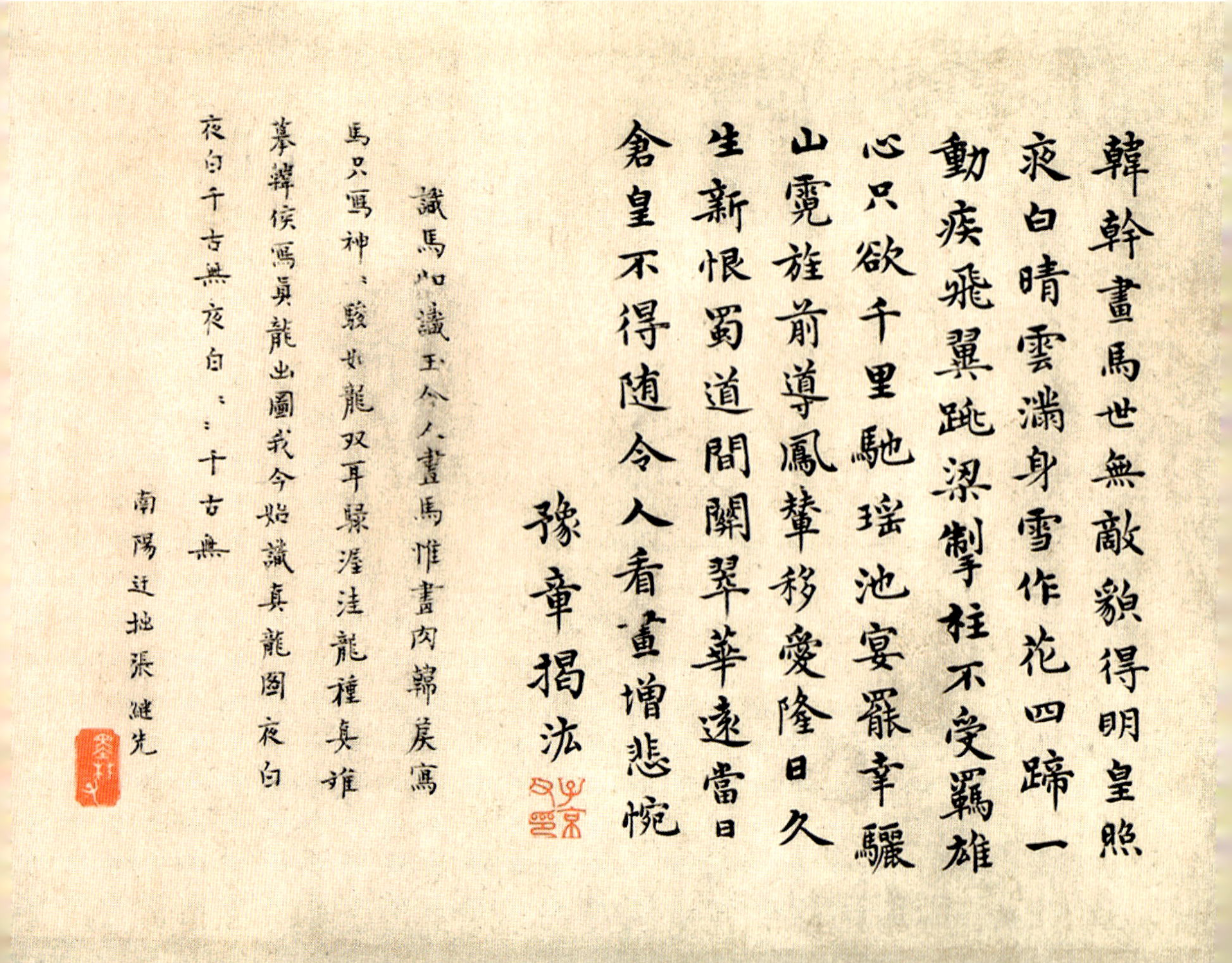

唐·韩干　　照夜白（鉴赏题字）（现藏于美国大都会艺术博物馆）

汪伦："你是不是还喜欢喝酒呀，我们村子里有万家酒店呢。"

李白欣然前往。

到了之后，汪伦告诉李白，桃花是潭水名，并无桃花；"万家"是店主人姓万，并无万家酒店。李白听了大笑，汪伦款留李白数日，临别时亲自相送，李白写了一首《赠汪伦》赠予他。

不懂就问：什么是"太白体"？

所谓"太白体"，就是指伟大的浪漫主义诗人李白的诗歌风格。太白体最主要的特点是，境界阔大高远，充满豪迈不羁的英雄主义。李白的诗有很强烈的主体意识，常常借着对历史人物的颂扬来表达远大抱负。此外，李白还善于运用夸张、比喻的手法来抒发热烈奔放的思想感情。太白体影响比较深远，李白时期是继屈原之后的又一浪漫主义诗歌创作的高峰。

史海拾贝

唐开元十七年（729）八月五日，唐玄宗李隆基四十五岁的生日到了。

李隆基认为，自己的功绩那么大，这个生日一定要过得隆重。

于是他在京城举办了盛大的生日宴会，还把八月五日这天定为千秋节。

可是举办这么大的宴会，钱从哪里来呢？李隆基任命宇文融管理大唐的财赋，强制收税，在民间大肆聚敛，用老百姓的钱来供自己玩乐。

静夜思

床①前明月光，

疑②是地上霜。

举头③望明月，

低头思故乡。

文字注释

① 床：古往今来共有五种说法。一说是井台。一说是井栏，中国古代的井栏形状与床相似，又叫银床。一说是“窗”的通假字。一说是取本意，床，供人睡卧的器具。一说是胡床，古时一种可以折叠的轻便坐具，功能类似小板凳。

② 疑：好像。

③ 举头：抬头。

白话译文

明亮的月光洒在井栏上，就好像地上泛起了一层白霜。我抬起头来，看那天空中的一轮明月，不由得低头沉思，想起远方的家乡。

创作背景

公元 726 年，李白离开家乡，四处游历，来到了扬州，居住在扬州一旅舍内。

这时正值秋天，皓月当空，清风徐徐，吹起了树叶，吹醒了睡梦，也吹动了李白的心。李白看着明月，好像看到了家乡的一草一木，一山一水，想起了出发时一直叮嘱自己的亲人。

情思所动，诗自然成。

趣味故事

李白是一个挺有个性的诗人。唐玄宗开元七年至九年（719—721），李邕曾任渝州（今重庆市）刺史。那时候的李白很年轻，还不是那么出名，李白游渝州谒见李邕时，因为不拘俗礼，且谈论间放言高论，纵谈王霸，使李邕不悦。史称李邕“颇自矜”（《旧唐书·李邕传》），为人自负好名，对年轻后进态度颇为矜持。李白对此不满，在临别时写了态度颇不客气的《上李邕》一诗，以示回敬。

唐·韩干　　照夜白（局部）（现藏于美国大都会艺术博物馆）

不懂就问：古代四大美女都有谁?

古代四大美女即西施、王昭君、貂蝉、杨玉环，这四大美女享有“沉鱼落雁之容，闭月羞花之貌”的美誉。“沉鱼”是说西施浣纱的故事，“落雁”是说王昭君出塞的故事，“闭月”是说貂蝉拜月的故事，“羞花”是说杨玉环贵妃醉酒观花的故事。

史海拾贝

杨贵妃，本名杨玉环，是古代四大美女之一。她性格婉顺，姿质丰艳，擅长歌舞，通晓音律。这样一个性格又好，长得好看，能歌善舞，还多才多艺的女子，谁能不爱呢?

杨玉环本来是李隆基儿子李瑁的妃子。有一天，李隆基看到了杨玉环，从此茶不思饭不想。

经过一番深思熟虑之后，李隆基想到了一个办法，命令杨玉环出家当女道士，结束杨玉环和儿子的婚姻，再把杨玉环接入宫里，封为贵妃。

从此，杨贵妃一家人权倾朝野，肆意挥霍，过着豪华侈靡的生活。

望庐山瀑布

日照香炉①生紫烟②，
遥看瀑布挂③前川。
飞流直下三千尺④，
疑是银河⑤落九天⑥。

文字注释

① 香炉：指香炉山。

② 紫烟：指日光透过云雾，远远地看去如同紫色的烟云。

③ 挂：悬挂。

④ 三千尺：这里是夸张的手法，形容山高，不是实指。

⑤ 银河：古人指银河系构成的带状星群。

⑥ 九天：古人认为天有九重，九天是天的最高层，九重天，即天空的最高处。此处指瀑布落差之大。

白话译文

香炉峰在阳光的照射下，升起紫色烟霞，远远望去，瀑布像白色的绢绸悬挂在山前。瀑布从几千尺高的地方飞腾直落，让人恍惚以为银河从天上泻落到人间。

创作背景

李白游庐山，喜欢唱日出，唱日落，唱星星闪烁。早间的庐山烟雾缭绕，如同仙境，在日光的渲染之下，紫气东来，美不胜收。巨大的瀑布从高耸的山峰上急湍而下，溅起阵阵水花，水声传遍山间，如同天崩地裂。李白大受震撼，恍恍惚惚，仿佛与天地融为一体，写出此诗。

趣味故事

《河东先生龙城录》里有这样一个故事：在唐宪宗时代，一个人到北海游玩，恍惚间，他突然看到山顶上站着两个人，正在高谈阔论。他大受震撼，感觉其中一人有些熟悉，一身白衣，风度翩翩，留着长须，腰间挂着一个酒葫芦，时不时地拿出来饮一口。定睛一看，嘿！这不就是李白吗？另外一个人也是仙风道骨，不似凡间人。

“我竟然在这里看到李白了！”这人刚想上去和李白打招

唐·李昭道　海天旭日图（局部）（现藏于美国大都会艺术博物馆）

呼，没想到那仙人挥一挥手，一条威武雄壮、煞气逼人的黄龙从云雾中猛然升起，载着李白和仙人消失在天边。

不懂就问：语言的修辞手法有哪些？

修辞手法是语文中根据表达需要，运用有效的语言手段来提高语言的表达效果，使语言表达具有准确性、鲜明性和生动性的语言运用方式。

常用的修辞手法有比喻、比拟（拟人、拟物）、夸张、借代、对偶、双关、顶真、设问、反问、用典、互文、反复（叠词）、反语。

史海拾贝

唐开元二十三年（735），李隆基任命李林甫为宰相。这李林甫是唐朝的宗室，仗着深得李隆基的信任，口蜜腹剑，大权独握，闭塞言路，排斥贤才，使得朝纲紊乱，把持朝政长达19年。

他还和李隆基的宠妃武惠妃勾结，诬陷当时的王皇后和太子李瑛、鄂王李瑶、光王李琚意图谋反，使得四人被贬为庶人，命丧黄泉。李隆基这三个儿子，本来都很有才干，却死于宫廷斗争。

后来，杨国忠因为杨贵妃深得唐玄宗宠信，接替李林甫出任宰相，只知道搜刮民脂民膏，妒忌贤能，飞扬跋扈，不可一世，导致朝廷腐败之风盛行。

夜宿①山寺

危楼②高百尺，
手可摘星辰。
不敢高声语，
恐③惊天上人。

文字注释

① 宿：住，过夜。

② 危楼：高楼，这里指山顶的寺庙。危，高。

③ 恐：唯恐，害怕。

白话译文

山顶的寺庙真高啊，好像有一百尺的样子，站在楼上，好像一伸手就可以摘下天上的星星。站在这里，不敢大声说话，害怕惊动了天上的神仙。

创作背景

这天夜已经深了，李白来不及下山，只能在深山里的寺庙借宿。

他发现寺院后面有一座很高的藏经楼，于是便登了上去。藏经楼很高，在顶层凭栏远眺，似乎伸手就可以触碰到天幕。

星光闪烁，洒满了李白全身，李白诗兴大发，写下了这首诗。

趣味故事

李白整天游山玩水，时不时还去喝酒娱乐，那他的钱是哪里来的呢？据传李白家里是做生意的，在四川境内生意做得不错，因此李白家底丰厚，相传李白去扬州玩，不到一年时间，为了救济落魄的公子，花了三十万钱。传言李白第一次出蜀时，带了三十多万金，结果不到两年就花光了。

外出游历也让李白有机会广交朋友，走到哪里都有朋友请客。他有个朋友叫元演，又称元参军，他曾邀请李白到太原跟他一起游玩。李白在太原一待就待了大半年，期间都是元参军招待李白。

不懂就问：语言的表达方式有哪些？

表达方式共有五种，分别是记叙、描写、抒情、议论、说明。

记叙是写作中最基本、最常见的一种表达方式。它是作者对人物的经历、事件的发展变化过程，以及场景、空间的转换所作的叙说和交代。

唐·周昉　调琴啜茗图（局部）（现藏于美国密苏里州堪萨斯市纳尔逊－艾金斯艺术博物馆）

描写是把描写对象的外貌、情态描绘出来，包括心理描写、语言描写、动作描写等，把描写对象生动再现给读者的一种表达方式。

抒情就是抒发和表达作者的感情，具体指以形式化的话语组织，象征性地表现个人内心情感的一类文学活动。

议论就是作者对某个议论对象发表见解，以表明自己的观点和态度。

说明是用简明扼要的文字，把事物的形状、性质、特征、成因、关系、功用等解说清楚的表达方式。

史海拾贝

唐玄宗李隆基在位四十五年，是唐朝在位最久的皇帝。四十五年的时间发生了太多事情，他的人生轨迹是前半生英明神武，后半生惨不忍睹。

唐天宝元年（742），唐玄宗在平卢设置节度，任命安禄山为代理御史中丞、平卢节度使。安禄山表面看起来憨厚老实，却十分有心机，善于讨好权贵。

有一次，唐玄宗嘲笑他的身材："你肚子这么大，里面都装了些什么啊？"安禄山一本正经回答："里面装着的是对陛下您的一颗真心啊！"唐玄宗很高兴，于是更加信任安禄山。之后，唐玄宗不仅让安禄山任职平卢、范阳（幽州）和河东三镇的节度使，还封他为东平郡王。

早发白帝城

朝①辞白帝彩云间，
千里江陵②一日还。
两岸猿声啼不住，
轻舟已过万重山③。

文字注释

① 朝：早晨。

② 江陵：地名，今湖北荆州市，离白帝城约有六百千米。

③ 万重山：层层叠叠的山峦，形容有许多。

白话译文

清晨，朝霞漫天，我从彩云缭绕、高入云霄的白帝城出发，前往江陵。江陵和白帝城相隔千里，一天我就已经到达。途中，两岸猿猴的啼声还回荡在耳边，轻快的小船已驶过连绵不绝的万重山峦。

创作背景

公元758年，李白因永王李璘一案，被流放夜郎。公元759年春天，他行至白帝城的时候，忽然收到赦免的消息，李白惊喜交加，随即乘舟东下江陵。本诗即作于李白被赦免后离开白帝城乘舟顺江而下抵达江陵时。

趣味故事

唐天宝元年(741)，李白得到唐玄宗的征召，满怀理想，奔向长安。可是尔虞我诈的官场让李白很失望，不仅壮志难酬，还常受排挤，深感立足艰难，最终于唐天宝三载(744)被唐玄宗“赐金放还”。

李白被迫离开长安，辗转来到洛阳，巧遇杜甫，两人惺惺相惜，一同游开封。同年二人一起来到古梁园遗迹，又恰巧遇到了大名鼎鼎的高适。在梁园，三位诗人怀古思今，感慨万千。于是他们请僧人置办酒宴和笔墨纸砚，在新修的厢房里面觥筹交错，开怀畅饮。酒至半酣，李白直接拿起笔，就在人家刚刚粉刷好的墙壁上写起了诗。《梁园吟》就这样问世了。

三人倒是开心了，写完就走人了，可守院的僧人过来一看，气得冒烟。“这人有没有公德心，我刚刚才刷好的墙！”

僧人刚要把墙擦干净，一个姑娘阻止了他，并且花了一千两银子把这堵墙买下。这件事很快传遍古城，大家不禁感叹：“这人可真有钱。”

李白也听到了这个消息，此时李白的妻子许夫人过世已久，想想自己飘零半生，第一次遇到一个女子这么欣赏自己，不由得怦然心动。

他便四处打探那个姑娘的消息，经过杜甫介绍，才知道那位姑娘是已故宰相宗楚客的孙女。宗姑娘可谓才貌双全，知音律、善操琴，是城里有名的才女，而且长相沉鱼落雁。

每天到宗姑娘家去求亲的人络绎不绝，可是宗姑娘谁都看不上。因此当地有句民谣：“今人难娶宗氏女，除非神仙下凡来。”

李白有些担忧，怕宗姑娘看不上自己，高适呵呵一笑，拍了拍他的肩膀，“你不就是谪仙人吗，你俩天生一对啊！”

于是，李白便到宗姑娘家去提亲，宗姑娘原本就对李白倾心已久，打探他的消息多时。两人郎才女貌，情投意合，很快就结为了夫妻。

宗姑娘连彩礼都不要，说道：“一首《梁园吟》就够了。”

不懂就问：语言的表现手法有哪些?

语言的表现手法有很多，常用表现手法是：联想、铺垫、象征、对比（对照）、衬托（烘托）、抑扬、（前后）照应、正侧描写、虚实结合、托物言志、直抒胸臆、借景抒情、融情于景、渲染、动静结合、以静衬动、以动衬静、用典、白描、开门见山、点面结合、以小见大、悬念、伏笔等。

史海拾贝

唐玄宗末年，李隆基逐渐贪图享乐，每天都纵情声色，从过去的提倡节俭变成挥金如土。特别是改元天宝之后，愈加奢靡，宠信奸相李林甫、杨国忠，还让早就心怀不轨的安禄山在边疆三大兵镇独掌大军，引来了杨国忠的忌恨。

公元 755 年，安禄山以讨伐杨国忠的名义举兵叛唐。

另外一个边疆大臣史思明是安禄山的同乡，也加入了叛乱的队伍。

由于这场叛乱的指挥官以安禄山与史思明二人为主，史称“安史之乱”，这场叛乱爆发于唐玄宗天宝年间，也称“天宝之乱”。

望天门山

天门中断①楚江开②，
碧水东流至此回③。
两岸青山④相对出⑤，
孤帆一片日边来⑥。

文字注释

① 中断：江水从中间隔断两山。

② 开：劈开，断开。

③ 回：回漩，回转。

④ 两岸青山：分别指东梁山和西梁山。

⑤ 出：突出，出现。

⑥ 日边来：指孤舟从天水相接的远方驶来，远远望去，仿佛来自日边。

白话译文

长江犹如巨斧劈开天门雄峰，碧绿江水东流到这里回漩。两岸青山隔江相对而立，一叶孤舟从太阳升起的天边悠悠驶来。

创作背景

公元725年，李白离开四川出门远游，意气风发，乘船顺江而下，来到天门山，看到这里雄奇壮丽的景观，顿时觉得自己自由洒脱、无拘无束，未来可期，这首诗便有感而发。

趣味故事

欣赏、喜爱李白的人不计其数，最崇拜他的非大诗人杜甫莫属。

众所周知，杜甫是一个很内敛的人，但是面对李白，杜甫马上面色狂热，恨不得所有人都知道自己对李白的崇拜和敬仰。

两人一生就只见过三次面，第一次在洛阳，可惜时间很短。

第二次在古梁园遗迹，同行还有高适。

第三次在山东兖州，这次两人终于有机会单独相处了。杜甫十分高兴，写下了《与李十二白同寻范十隐居》一诗来纪念，其中有一句为：“醉眠秋共被，携手日同行。”可见二人情谊深厚。

不懂就问：如何区分表达方式、表现手法和修辞手法？

表达方式，是指写文章时所采用的反映社会生活、表达思

唐·李昭道　　明皇幸蜀图（现藏于台北故宫博物院）

想感情、介绍事物事理的方式手段。

表现手法，也叫写作方法，是指在文学创作中塑造形象、反映生活所运用的各种具体方法和技巧。

修辞手法，也叫修辞方法，是指在写作过程中，对所使用的语言进行修饰、加工、润色，以提高语言表达效果的方法。

总之，表达方式是就文章的写作内容而言，表现手法是就文学作品写作的具体技法而言，而修辞手法是就语言修辞效果而言。

史海拾贝

安禄山发动叛乱时，唐朝已经安定了很多年，别说百姓了，连官员都没有几个打过仗的。大家听说安禄山在范阳起兵，又是震惊又是怀疑。

叛军所经过的州县，都望风瓦解。有些官员甚至把城门打开，迎接叛军，还有人连城池都不要了，只顾逃跑。忠于大唐的人选择反抗，可是打不过，被叛军擒杀。安禄山很快就控制了整个河北，从河北逃出来的人赶紧奏报朝廷安禄山造反。

谁知道唐玄宗李隆基仍然认为他们嫉妒自己对安禄山的宠爱，编造假话来骗自己。

独坐敬亭山

众鸟高飞尽①，
孤云独去闲②。
相看两不厌③，
只有敬亭山。

文字注释

① 尽：完了，没有了。
② 闲：形容云彩飘来飘去，悠闲自在的样子。
③ 两不厌：指诗人和敬亭山而言。厌，满足。

白话译文

山间群鸟高飞远去无影无踪，天空中孤云独自悠然飘走。我和敬亭山对视，怎么看都不会满足，看来能够理解我的，只有这眼前的敬亭山了。

创作背景

唐天宝元年（742），李白受到唐玄宗李隆基的召见。那天，李隆基亲自迎接李白，甚至“以七宝床赐食于前，亲手调羹”。

李白用自己高深的学问、出众的才华以及长期对社会的观察成功征服了李隆基。自此，李隆基无论参加聚会还是游玩，都要带上李白，让他写诗记载。

李隆基如此宠信李白，引来了其他人的妒忌。李白对自己这种拿着朝廷俸禄，随便写一写歌功颂德的文章，每天谈笑风生、吟诗作赋便能锦衣玉食的日子感到了厌倦，每天就用喝酒来麻痹自己。

李白一喝酒，傲娇的小性子就上来了，连李隆基叫他去参加朝会都不理。

不久，李白写了一首《清平调》，让唐玄宗非常不高兴，于是赐金让李白还乡了。这首诗便是李白政途失意后浪迹江湖时所写。

趣味故事

一次宴会中，唐玄宗很高兴，想叫李白给爱妃杨贵妃写一首诗。等人把李白叫来，才发现他喝得烂醉如泥。

“你可是朕的臣子啊，这么多人在，你这不是丢我的脸吗。”唐玄宗便让人给李白换了身新衣服，李白醉得路都走不了。他自己换不了衣服不要紧，还要小性子，让大太监高力士给自己脱靴子。

高力士碍于唐玄宗在旁边，没有办法，只好答应李白的要求。高力士服侍唐玄宗多年，深得唐玄宗的宠爱，并且一直行事谨慎，连张说、张九龄等贤相名臣对他都尊重有加，四方奏事都要经过他的手，文武百官没有一个不巴结他的，他什么时候受过这样的侮辱。

高力士从此对李白怀恨在心，在唐玄宗和杨贵妃面前诋毁李白，说李白写的《清平调》侮辱杨贵妃，导致李白被赐金放还。

不懂就问：李白为什么叫“诗仙”？

之前讲过，贺知章遇到李白，曾经惊叹他是“天上谪仙人”。李白不仅诗写得很好，文采斐然，剑术也不错。

李白超脱世俗，无论是写诗还是性格，他都仙气十足，所以被称为“诗仙”。

文学史上只有一个“诗仙”，也只有一个李白。

史海拾贝

安禄山叛乱愈演愈烈，唐玄宗才相信他真的叛变，龙颜大怒。但该面对的还是要面对，唐玄宗让安西节度使封常清防守洛阳，又任命儿子荣王李琬为元帅，高仙芝为副元帅东征讨伐安禄山。高仙芝、封常清都是唐朝的名将，不但交情很好，而且能力都很出众。

当时唐朝的主要兵力都在边疆，朝廷兵力不足，高仙芝、封常清只能临时在长安、洛阳募兵，得到的是市井子弟，缺乏战斗经验，也没经过训练，使得安禄山攻入洛阳。

两人虽未守住洛阳，但是成了安禄山大军继续前进的巨大阻碍，遏制住了他的野心。就在两人和安禄山对峙时，唐玄宗听信宦官谗言，以“失律丧师”之罪处斩封常清、高仙芝。

封常清在临刑前，还上书给李隆基，提醒他不要轻视安禄山，然后含恨而死，全军兵士无不为之痛哭流涕。两位骁勇善战、纵横沙场的英雄，就这样因为玄宗的昏庸含冤而死。

黄鹤楼送孟浩然之广陵

故人西辞黄鹤楼①，
烟花②三月下扬州。
孤帆远影碧空尽③，
唯见④长江天际流⑤。

文字注释

① 黄鹤楼：楼名，在今湖北武汉。

② 烟花：形容柳絮如烟、繁花似锦的春天景物，指艳丽的春景。

③ 碧空尽：消失在碧蓝的天际。

④ 唯见：只看见。

⑤ 天际流：流向天边。天际，天边。

白话译文

老朋友在黄鹤楼和我辞别，在这柳絮如烟、繁花似锦的阳春三月去扬州远游。他乘坐的孤船帆影渐渐远去，消失在碧空的尽头，只看见滚滚的长江向天际奔流。

创作背景

唐玄宗开元十五年（727），李白东游归来，至湖北安陆。他在湖北安陆住了有10年之久，不过很多时候他都是以诗酒会友，在外游历，用他的话说就是“酒隐安陆，蹉跎十年”。

居住安陆期间，李白认识了大他十二岁的孟浩然。孟浩然对李白十分欣赏，两人很快成了无话不谈的好朋友。

公元730年春，李白得知孟浩然要去广陵（今江苏扬州），便托人带信，约孟浩然在江夏（今武汉市武昌区）相会。

几天后，孟浩然乘船东下，李白亲自送孟浩然到江边，久久站立，不愿离去。这首诗正是写于李白送别孟浩然的时候。

趣味故事

众所周知，李白好友遍布天下，比如大家都知道的杜甫、王昌龄、高适这些人。可是，这么多好朋友中，李白最喜欢谁呢？

就是大他十二岁的孟浩然。李白和孟浩然在这次分别后经过10年两人才又见面。

这一次见面，李白情不自禁，拉着孟浩然就是一番痛饮，两个人越喝越开心，李白诗兴大发写了一首《赠孟浩然》。

吾爱孟夫子，风流天下闻。
红颜弃轩冕，白首卧松云。
醉月频中圣，迷花不事君。
高山安可仰，徒此揖清芬。

不懂就问：武汉为什么叫江城？

这就不得不说李白了。李白在安陆居住 10 余年，安陆和武汉就只有几十公里远。李白经常去武汉和朋友们游玩，吟诗作对，留下了很多脍炙人口的诗歌，其中有一首《与史郎中钦听黄鹤楼上吹笛》：

一为迁客去长沙，西望长安不见家。
黄鹤楼中吹玉笛，江城五月落梅花。

在这首诗中，李白用江城来指代武汉，这就是武汉最初叫江城的由来。随着这首诗广泛流传，再加上武汉被长江和汉江一分为三，人们逐渐习惯将武汉称为江城。

史海拾贝

安史之乱前期，安禄山深知唯快不破、速战速决的道理，指挥叛军主力进攻洛阳、潼关，意图突破这两个重镇而直取帝都长安。

后来洛阳沦陷，但天险潼关却因为高仙芝、封常清的有力固守，使得安史叛军久攻不下，迫使安禄山有了回撤的打算。

没想到唐玄宗李隆基赐死了高仙芝和封常清，安禄山大喜。

安禄山加紧攻打潼关。潼关不丢，帝都不失，唐玄宗派大将哥舒翰镇守潼关，叛军一时之间打不下来。

叛军便想到一个法子，把精锐部队藏起来，只派老弱病残出战。

哥舒翰当然不会上当，当时唐朝的另外两员大将郭子仪和李光弼正在河北攻打史思明，三人都看出了叛军的计谋。

可是万万没想到，唐玄宗听信了杨国忠的谗言，催促哥舒翰出击。

果然，哥舒翰刚出潼关，就遭到了叛军伏击。最后，哥舒翰的二十万大军只剩八千人逃回潼关。回去后哥舒翰招集失散士兵再来守卫潼关，后被手下骗出关外，抓住他投降了叛军。至此，潼关失守，不久后，帝都长安被攻陷。

闻王昌龄左迁龙标遥有此寄

杨花落尽子规①啼，
闻道龙标②过五溪。
我寄愁心与③明月，
随君直到夜郎④西。

文字注释

① 子规：即布谷鸟，又称“杜鹃”。

② 龙标：指王昌龄。古代常用官职或任官之地的州县名来称呼一个人。

③ 与：给。

④ 夜郎：唐代夜郎有三处，两个在今贵州桐梓，本诗所说的“夜郎”，在今湖南怀化境内。

白话译文

在这杨花落完、子规啼鸣的时候，我听说您被贬为龙标尉，龙标地方偏远要经过五溪。我把忧愁的心思寄托给明月，希望能一直陪着你到夜郎以西。

创作背景

唐天宝年间，时局动荡，战乱四起。好友王昌龄被贬去龙标县，李白这个时候在扬州，来不及送别，只好写了这首诗送给王昌龄。

两人都没想到，王昌龄这一去便是物是人非，再无重见之日。王昌龄才到龙标县不久，安史之乱爆发，大唐政权摇摇欲坠。

垂垂老矣的王昌龄，写出了“但使龙城飞将在，不教胡马度阴山”的经典诗句，一腔热血犹未冷，可把此身报与国！

一听到消息，王昌龄马上离开龙标县，在他北上的途中，历史的洪流在他身上戛然而止。

王昌龄死了，不是死于伤病，不是死于沙场，而是死于小人闾丘晓之手。即使后来有人为王昌龄报了仇，杀死了闾丘晓，一代诗坛大家、七绝圣手也回不来了，实乃千古憾事。

趣味故事

杨贵妃特别喜欢吃荔枝，能一天到晚都不停嘴。可是荔枝是热带水果，长安的气候并不适合种荔枝，那怎么办呢？

杨贵妃吃不到荔枝，郁郁寡欢，闷闷不乐，唐玄宗看着可心疼了。

于是，唐玄宗派人去离长安千里之遥的岭南采摘荔枝。为了让杨贵妃吃到新鲜的荔枝，唐玄宗就命令采摘荔枝的人快马加鞭，一刻不停把荔枝送回京城，马都跑死了好几匹。

杨贵妃每天就眼巴巴地站在长安城墙上等待，只要看到远方有快马扬尘而来，就知道是自己的荔枝到了，马上喜笑颜开。

不懂就问：唐代真的是以胖为美吗？

唐朝的女孩子虽然以胖为美，但是这里的胖不是指肥胖臃肿，而是一种富态的丰腴。以胖为美只是盛唐时期的审美取向，初唐和中唐、晚唐还是以清瘦为美的。

盛唐时期女孩子以胖为美的原因，主要有三个：

第一，受到胡人的审美观念影响。游牧民族女子一般比较彪悍，体格比较健壮，唐朝在审美上继承了这个传统。

第二，受到佛教的影响。佛教在唐朝很受推崇，佛教中的菩萨形象都是宝相庄严，显得富态丰满，这也对人们的审美产生了一定的影响。

第三，拥有足够的物质基础。唐朝国力强盛之后，老百姓的物质水平得到很大提高，吃的方面更加丰富，也为以胖为美提供了物质基础。

史海拾贝

潼关失守之后，长安岌岌可危，安禄山的叛军随时都可能攻过来。长安城内一片混乱，甚至有一天，文武百官中只有一两个人上朝。

唐玄宗宣布："大家不要慌，朕将要御驾亲征，一个安禄山，不过尔尔，朕弹指之间让他烟消云散。"

百姓和官员们都将信将疑，等待事情的发展。谁都没想到，在叛军快要到长安时，李隆基让大将军陈玄礼带着长安城内剩下的军队护送自己和杨贵妃、杨国忠等一干心腹逃跑了。

峨眉山①月歌

峨眉山月半轮秋②，
影③入平羌④江水流。
夜发⑤清溪向三峡，
思君⑥不见下渝州。

文字注释

① 峨眉山：地名，位于现在的四川峨眉县西南。

② 半轮秋：半边秋月。

③ 影：月光的倒影。

④ 平羌：即青衣江，大渡河的支流，位于峨眉山东北。

⑤ 发：出发。

⑥ 君：指峨眉山月，一说指作者的友人。

白话译文

半边秋月挂在高峻的峨眉山前，清澈的平羌江上倒映着月影。我夜间乘船出发，离开清溪去往三峡，想你却难相见，只能恋恋不舍地顺江而下，去向渝州。

创作背景

这首诗是李白刚刚离开家乡，准备游历四方时所作。李白有一颗浪迹天涯的心，可是，此途遥遥无期，前路山高路远，在这路遥马慢的时代，这一离开，不知何时才能再回来。

离开之前，李白再一次好好看了故乡的高山，江水，明月，他要把这一切的景象都刻在自己的脑海里。

趣味故事

自古以来，黄鹤楼便是很多诗人游玩的必去之地，不在黄鹤楼留下一两首诗，出去都不好意思说自己是个诗人。

李白当然也要去这座名楼看看。

这天，李白来到黄鹤楼，也准备写两首诗，证明自己到此一游。

他刚刚提笔，却看到旁边刻着崔颢以前为黄鹤楼写的诗，一看之下，自愧不如，只好说：“一拳捶碎黄鹤楼，一脚踢翻鹦鹉洲。眼前有景道不得，崔颢题诗在上头。”

这个故事最早出现在元人辛文房的《唐才子传》，并不一定真实存在，很有可能是后人为了突出崔颢《黄鹤楼》诗的精妙而附会之说。

唐·吴道子　八十七神仙卷（局部）（现藏于北京徐悲鸿纪念馆）

不懂就问：李白和杜甫为什么被称为“大李杜”？

“大李杜”指的是盛唐时期的诗人李白和杜甫，因为他们不仅是盛唐时期的著名诗人，而且李白的诗歌水平达到浪漫主义的最高峰，杜甫的诗歌水平达到现实主义的最高峰，两人分别代表了大唐两种诗歌风格的巅峰。

史海拾贝

唐玄宗在陈玄礼的保护下带着一干亲信逃出长安，路过皇宫中储藏金银财宝的左藏库时，杨国忠坏心眼又上来了，请求唐玄宗下令放火焚烧左藏库。

玄宗心情凄惨地说："叛军来了没有钱财，一定会向百姓征收，还不如留给他们，以减轻百姓们的苦难。"

唐玄宗等人跑了很远之后，长安剩下的人们才发现。

于是，整个长安一片混乱，有些人就四处盗抢金银财宝，还跑到宫里，放火烧了左藏库。

大臣崔光远赶紧带人来救火，以免火势蔓延，把整个皇宫毁于一旦。等他扑灭火势之后，叛军已经到长安了。崔光远无力回天，只好假意投降安禄山，等待时机。就这样，安禄山不费吹灰之力就攻占了长安。

春夜洛城闻笛

谁家玉笛暗飞声①，
散入春风满洛城②。
此夜曲中闻③折柳④，
何人不起故园情。

文字注释

① 暗飞声：声音不知道从何处传来。

② 洛城：今河南洛阳。

③ 闻：听，听见，听闻。

④ 折柳：指《折杨柳》，汉代乐府曲名，内容多叙离情别绪。

白话译文

不知道是谁家用精美的笛子吹出悠扬的笛声，随着春风飘扬，传遍整个洛阳城。就在今夜的曲中，听到了《折杨柳》的曲子，谁又能不产生对故乡的思念之情呢？

创作背景

这首诗是开元二十三年(735)李白游洛阳时所作。在唐朝，洛阳是一个很繁华的都市。当时李白客居洛阳，深夜偶然听到笛声而触动思乡之情，故作此诗。

趣味故事

有一年，李白带着他的诗稿去首都长安，住在一家客店里面，闲来无事出去溜达，碰见了贺知章。

贺知章之前听过李白的诗名，也读过李白的诗，非常喜欢他，见了李白之后，贺知章直接问他，“太白最近有没有写新诗呀？”李白把才写的新诗《蜀道难》拿了出来。贺知章读完之后，特别惊讶，对李白说道：“你真是天上下凡的神仙啊！”。

后来，贺知章邀请李白去喝酒，到酒楼之后，才发现忘记带钱了，可是酒菜已经点了。贺知章在身上摸了半天，还是没找到钱，但他发现腰间有一个金龟，灵机一动，就把金龟取下来抵作酒钱，这就是“金龟换酒”的故事。

不懂就问：李白的诗为什么能广泛流传?

唐代书法家李阳冰曾经和诗人李白有过一段不平常的交往。唐肃宗时，李白因受到牵连，被治罪流放。被释放后，居无定所，穷困潦倒，流浪到当涂这个地方。李阳冰当时是当涂县令，他仰慕李白的文才和人品，得知李白的遭遇后，就帮助

唐・吴道子　　八十七神仙卷（局部）（现藏于北京徐悲鸿纪念馆）

李白安置下来。

李白临死之前，把这辈子写的诗作托付给李阳冰。李阳冰不负李白重托，把书稿重新抄录编成《草堂集》，还为诗集写了一篇序言，流传于世。今天我们能读到李白的诗，李阳冰功不可没。

史海拾贝

唐玄宗从长安出逃，一路逃到马嵬驿，大家又累又饿，实在跑不动了，在这里稍作休整。

陈玄礼带着士兵们在外面休息，饥渴难耐，满身疲劳，越想越不对劲。

有一人突然说道："都怪杨国忠！"

大家一想，是啊，如果不是杨国忠无缘无故招惹安禄山，在皇上身边乱嚼舌根，做了那么多坏事，我们怎么可能变成现在这个样子！

于是陈玄礼叫上太子李亨一起，想要诛杀杨国忠。李亨犹豫不决，没有答应他们。陈玄礼下定了决心，带着士兵们杀了杨国忠，他们还不满足，担心杨贵妃以后会报复，又闹着要杀了杨贵妃。

玄宗不忍心杨贵妃被他们杀死，被迫勒死了杨贵妃，史称"马嵬驿兵变"。

渡荆门①送别

渡远荆门外，来从楚国②游。
山随平野尽，江入大荒③流。
月下④飞天镜，云生结海楼⑤。
仍怜⑥故乡水，万里⑦送行舟。

文字注释

① 荆门：即荆门山，在今湖北宜都西北长江南岸，与北岸虎牙山对峙，地势险要，战国时是楚国的战略门户。

② 楚国：楚地，这里指今湖北一带。

③ 大荒：辽远无际的原野。

④ 下：移下。

⑤ 海楼：海市蜃楼。这里形容江上云霞多变形成的美丽景象。

⑥ 怜：喜爱。

⑦ 万里：比喻行程之远。

白话译文

我乘船远行，经过荆门山，来到楚国故地游览。青山随着广阔的原野渐渐消失，长江在辽远无际的原野滔滔奔流。

江面上的月影好似天上飞来的明镜，江上云霞美丽，像是海市蜃楼。我依旧喜爱这来自故乡的水，不远万里来送我的小舟东行。

趣味故事

李白本来有个很好的妻子，在安陆定居，妻子去世后，李白身无分文，只好带着两个孩子到山东投奔亲戚。

李白每天只会饮酒作诗，哪里会带孩子，为了照顾两个孩子，他和一个姓刘的女子成亲了。这刘姑娘以为李白是大诗人，肯定很有钱，成亲后才发现，此时的李白很穷，还要靠别人救济。

唐·吴道子　八十七神仙卷（局部）（现藏于北京徐悲鸿纪念馆）

刘姑娘有些看不起李白，李白愤而离开。

不懂就问：李白为什么要叫自己为“青莲居士”？

李白在少年时代就表现出他十分聪明的一面，他学习的内容很广泛，除儒家经典、古代文史名著外，对诸子百家也很有研究，甚至连佛经也非常精通。

李白很小的时候就喜欢隐居山林，求仙学道，想成为神仙中人。长大后，他便根据佛教《维摩诘经》中的“青莲”佛典，取了一个“青莲居士”的名号，表达了李白对维摩诘生活方式的向往。

史海拾贝

安禄山叛乱时，唐玄宗本来想把皇位传给太子李亨的，可是没想到，发生了马嵬驿兵变这么大的事，连爱妃杨贵妃都死了。

因为随行的士兵和陈玄礼都是李亨的手下，唐玄宗觉得这一切都是李亨指使的，大受打击。

李亨也很无辜，事态发展到这里他也阻止不了陈玄礼，而且陈玄礼很狡猾，逼着唐玄宗杀了杨贵妃后又投靠了唐玄宗，把一切罪责都推给了李亨，李亨心灰意冷，和唐玄宗分道扬镳，父子俩一个向南跑到四川，一个向北收拾残兵败将。

送友人

青山横北郭①，白水②绕东城。

此地一③为别，孤蓬④万里征⑤。

浮云游子⑥意，落日故人情。

挥手自兹⑦去，萧萧⑧班马⑨鸣。

文字注释

① 郭：古代城墙的外墙。

② 白水：清澈的水。

③ 一：助词，加强语气。

④ 蓬：蓬草，枯后根断，常随风飞旋，这里比喻即将孤身远行的友人。

⑤ 征：远行。

⑥ 游子：离家远游的人。

⑦ 兹：此。

⑧ 萧萧：马嘶叫声。

⑨ 班马：离群的马。

白话译文

青翠的山峦横卧在城墙的北面，波光粼粼的流水围绕在城东边。在此地我们相互道别，你就像孤蓬那样随风飞旋，远行万里之外。

浮云像游子一样行踪不定，夕阳徐徐下山，似乎有所留恋。挥挥手作别，从此分离，你骑的那匹马也为我们分别声声嘶鸣。

创作背景

李白在长安结识了很多好友，但成年人的生活多是奔波劳碌和不断离别。夕阳西下，漫天都是飘流不定的浮云，正如李白对友人的依依不舍之情。

这首诗新颖别致，诗中青山、流水、红日、白云相互映衬，色彩明丽，形象新鲜活泼，构成了一幅美好的画面。

趣味故事

李白的父母都是喜欢读书之人，算是书香世家。相传李白

唐·韩干　　十六神骏图（局部）（现藏于辽宁省博物馆）

七岁时，父亲想给他取一个正式的名字。

父亲想考考儿子作诗的能力，带着妻子和李白来到庭院里，正好是春天，树木葱郁，繁花似锦。父亲先开口："春国送暖百花开，迎春绽金它先来。"母亲马上接上："火烧叶林红霞落。"然后两人盯着小李白。

小李白心思聪颖，知道父母是让自己接最后一句诗，沉思了一下，念道："李花怒放一树白。"

父母都觉得这句诗不错，父亲灵机一动，决定把这句诗的头尾李、白二字选作儿子的名字，为七岁的儿子取名为"李白"。

不懂就问：抒情方式有哪些？

第一种是直接抒情，常常是通过议论感叹的方式直接抒发作者的情感；第二种是借景（物）抒情，常常是通过景物的描绘来抒发情感，又叫由景生情、触景生情；第三种是寓情于景，常常是将感情融汇在景物中，又叫情景交融。

史海拾贝

太子李亨和唐玄宗李隆基在马嵬坡分道扬镳之后，李亨一路向北，另谋发展。

唐天宝十五年（756）七月十二日，李亨在灵武城南门城楼，举行了简单的登基仪式。李亨登基后，改年号为至德，将当年改为至德元载，史称唐肃宗，他还把唐玄宗推尊为太上皇。

行路难（其一）

金樽①清酒②斗十千，玉盘③珍羞④直⑤万钱。

停杯投箸⑥不能食，拔剑四顾心茫然⑦。

欲渡黄河冰塞川，将登太行⑧雪满山。

闲来垂钓碧溪上，忽复⑨乘舟梦日边。

行路难，行路难，多歧路⑩，今安⑪在？

长风破浪会有时⑫，直挂云帆⑬济⑭沧海。

文字注释

① 金樽：对酒杯的美称。

② 清酒：清醇美酒。

③ 玉盘：对盘子的美称。

④ 珍羞：珍贵的菜肴。羞，同“馐”，美味的食物。

⑤ 直：同“值”，价值。

⑥ 投箸：丢下筷子。箸，筷子。

⑦ 茫然：无所适从。

⑧ 太行：太行山。

⑨ 忽复：忽然又。

⑩ 歧路：岔路。

⑪ 安：哪里。

⑫ 长风破浪会有时：比喻终将实现远大理想。《宋书·宗悫传》载，南朝时宗悫用“乘长风破万里浪”来形容自己的抱负。会，终将。

⑬ 云帆：高高的帆。

⑭ 济：渡。

白话译文

金杯里盛着价格昂贵的清醇美酒，盘子里装满价值万钱的佳肴。我心中郁闷，放下筷子吃不下东西，拔剑环顾四周，心里一片茫然。想渡黄河，冰雪堵塞了这条大川；要登太行，莽莽的风雪早已封山。

像姜尚垂钓溪边，闲待东山再起；又像伊尹梦见乘船经过太阳边。人生道路多么艰难！多么艰难！歧路纷杂，现在要走的路在哪里？相信总有一天，能乘长风破万里浪，高高挂起云帆，在沧海中勇往直前！

创作背景

谁都没想到，刚刚得到唐玄宗赏识的李白这么快就被赐金放还了，包括李白自己也没想到。前不久还是众人羡慕的翰林供奉，现在却变成了一介闲人，李白的心态一时转不过来。

在李白离开长安时，朋友们都来为他饯行，求仕无望的他深感仕路艰难，写下了此篇《行路难》。

趣味故事

传说，在一个寒冷的冬天，李白在文德桥旁边的酒楼里一边喝酒赏月，一边吟诗作赋。

李白吃饱喝足便下楼回家。等他走到文德桥上，低头一看，忽然发现水里有一轮月亮，河水被清风吹起波纹，给月亮增添了几条黑纹。

醉意一上头，李白还以为月亮掉水里了，他纵身一跳，直接跳到冰冷的河水里。跳水的声音把行人引了过来，问他：“大冷天的，你为何寻短见啊？”

只见李白挥挥手，嘴里嘟囔着：“月亮在水里，要把月亮捞上来。”于是就有传言说，李白捞月溺水而亡。

不懂就问：衬托有什么作用?

衬托是为使事物的特点更加突出，用一事物来陪衬另一事物。衬托通常是一主一次，衬托又分为正衬、反衬。正衬是以悲景衬悲情，更显其悲；以乐景衬乐情，更显其乐。反衬是以悲景衬乐情，以乐景衬悲情。衬托的作用是为了渲染一种气氛，更好地表达作者的思想感情。

史海拾贝

在安史之乱中，几乎所有的唐军都败了，但有两个将领在叛乱之初就打了很多胜仗，一个叫郭子仪，一个叫李光弼。

唐天宝十五年（756），叛军攻破常山（今河北正定），占领河北全境。这时，李光弼自太原东攻打常山，郭子仪率军与李光弼一同击破史思明数万军队，之后郭子仪又南攻赵郡（今河北赵县），俘获了四千敌军，斩杀伪太守郭献璆。

唐肃宗李亨登基后，郭子仪和李光弼带着大军赶到灵武，一时之间，唐肃宗军威无双。

崔颢

黄鹤楼

昔人①已乘黄鹤去②，此地空余黄鹤楼。
黄鹤一去不复返③，白云千载空悠悠④。
晴川历历⑤汉阳树，芳草萋萋⑥鹦鹉洲⑦。
日暮乡关⑧何处是？烟波江上使人愁。

文字注释

① 昔人：指传说中骑鹤飞去的仙人。

② 去：离开。

③ 返：返回。

④ 悠悠：飘飘荡荡的样子。

⑤ 历历：分明的样子。

⑥ 萋萋：草木茂盛的样子。

⑦ 鹦鹉洲：长江中的小洲，在黄鹤楼东北。

⑧ 乡关：故乡。

白话译文

仙人已经驾着黄鹤飞走了，这里只留下一座空荡荡的黄鹤楼。黄鹤一去再也没回来，千百年来只看见悠悠白云。

汉阳晴川阁的碧树历历在目，鹦鹉洲上有一片碧绿的芳草覆盖。暮色渐渐漫起，哪里是我的家乡？眼前只见一片雾霭笼罩江面，给人带来深深的愁绪。

作者档案

姓名	崔颢	性格特点	人物印象
生卒时间	? —754	少年狂傲，秉性耿直，不畏权贵。	崔颢早期诗作多写闺情，流于纤艳。但他后期经历边塞生活后，诗风大为转变，变得雄浑奔放，在杨贵妃受宠，杨国忠位极人臣时，敢于针砭时弊。
籍贯	汴州（今河南开封）		
身份	唐代著名诗人，司勋员外郎		
文学地位	知名文士		
别称	无		
名言名句	少年负胆气，好勇复知机。		

写作背景

这首诗具体是什么时候创作的，已经无从考证。黄鹤楼因其所在之地武昌黄鹤山而得名，传说古代仙人子安乘黄鹤经过此地，又传说费祎在这里驾鹤登仙。

崔颢登临黄鹤楼，只觉得眼前的景色摄人心魄，他触景生情，诗兴大发，便写了此诗。

这首诗意境开阔，气魄宏大，情景交融，意境深远，让人叹为观止。

趣味故事

崔颢二十多岁就考取进士，可谓鲜衣怒马，春风得意。李邕听说崔颢的才名，请他到家里做客。崔颢也很兴奋，于是他精心写了几首诗准备送给李邕。

来到李邕家里，崔颢马上献上诗词，开头第一首就是《王家少妇》。李邕本来就比较古板刚直，年纪又大了，才听到第一句“十五嫁王昌，盈盈入画堂”就不高兴了，大声呵斥崔颢“小儿无礼”，把他赶出了家门。

在这之后，崔颢无人举荐，终不得志。

不懂就问：为什么古诗中常常出现“边关”？

边关在古代指的是两个国家的关口和交界处，这个地方长年驻扎着很多士兵，这些士兵在这里保家卫国、守护边疆。为了加强边防，历朝历代，都会在交通要道上修建很多大大小小的关隘。边关常常承载着诗人复杂的情感，传递着历史文化内涵，因此，边关就会成为诗人创作的边塞诗中独特的文化符号，比如玉门关、雁门关等等。

史海拾贝

唐肃宗至德二年（757），郭子仪在潼关与安禄山手下大将崔乾佑大战。崔乾佑骁勇善战，打败了名将封常清，俘虏了名将哥舒翰。这两人都参加过唐朝的对外战争，赫赫有名。

崔乾佑是厉害，但郭子仪更厉害。崔乾佑被郭子仪打败，丢失了潼关，只得仓皇逃走。郭子仪大胜，杀死敌军一万有余，攻取潼关，打通了收复长安和洛阳的通道。可是他也付出了沉重的代价，儿子郭旰战死沙场，为国捐躯。

高适

别董大①

千里黄云②白日曛③，
北风吹雁雪纷纷。
莫愁前路无知己，
天下谁人不识君？

文字注释

① 董大：人名，指董庭兰，当时有名的音乐家，因为在兄弟姐妹中排名第一，故称董大。

②黄云：天上的乌云，在阳光下是暗黄色的，所以叫黄云。

③曛：昏暗。

白话译文

千里黄云遮天蔽日，天气阴沉；大雪纷纷扬扬地飘落，呼啸的北风吹着南归的雁群。不要担心前方的路上没有知己，普天之下还有谁不知道您呢？

作者档案

姓名	高适，字达夫	性格特点	人物印象
生卒时间	约 700—765	不拘小节，忧国爱民，有雄心壮志。	古代战功赫赫的将军都难以封侯，更别说一介布衣书生。而高适却封侯了，他的一生，可谓一部精彩绝伦的奋斗史。他是唐代所有诗人中仕途最通达的，很有军事天赋，是一名儒将，心怀家国天下。
籍贯	渤海蓨（今河北景县）		
身份	唐代著名边塞诗人，渤海县侯		
文学地位	“边塞四诗人”之一		
别称	高常侍		
名言名句	解围凭庙算，止杀报君恩。		

创作背景

唐天宝六年（747）春天，大臣李适之、韦坚被奸相李林甫陷害，死于非命，吏部尚书房琯也受到牵连，被贬出京。房琯有一个门客董庭兰，也随着他离开长安，而董庭兰正是高适的好朋友。

这年冬天，高适与董庭兰在睢阳久别重逢，这时两人都处于人生低谷期，生活贫困，可谓是贫贱之交。好友难见，高适感慨颇多，写下了这首诗送给董庭兰。

趣味故事

安史之乱爆发后，生灵涂炭，整个唐朝处于水深火热之中。其他诗人如同风雨中的浮萍一般，漂泊无依。

高适却不一样，他投身军旅，立下战功，胸怀坦荡，见解高明且敢于直谏，官越做越大，荣升节度使。

唐肃宗即位不久，永王李璘组建了一支强大军队，公开向唐肃宗宣战。

高适就被唐肃宗派去征讨李璘，他并非手无缚鸡之力的书生，精通军事，李璘战败。很巧的是，李白这时在李璘的手下做事。

谁不知道李白、杜甫、高适三人是出了名的好兄弟，这下高适可头疼了，一边是好兄弟，一边是朝廷律法。最终，高适没有为李白求情，而是公事公办，李白便有了浔阳的牢狱之灾。

不懂就问：什么是“高岑”诗派？

“高岑”诗派是指以高适、岑参为代表的边塞诗派，这一诗派中的重要诗人还有王之涣、王昌龄、王翰等人。高适的边塞诗风格浑厚、意气豪迈，岑参的边塞诗风格奇峭超逸。两人都是边塞诗派的领袖人物，但他们的诗各有千秋。一般认为，高适的诗思想价值略高于岑参,岑参的诗艺术表现略高于高适。

史海拾贝

安禄山是个大胖子，年纪大了全身长满块状毒疮，连眼睛都瞎了，他本来就残暴，这一生病，疼痛难忍，心情更加不好了，对手下非打即骂，连专门为他出谋划策的大臣严庄都挨了好几顿毒打。

严庄就去投靠安禄山的儿子安庆绪，合谋准备杀死安禄山。于是他们便拉拢了安禄山的心腹宦官。

唐至德二年正月初一，安庆绪站在门外放风，严庄和安禄山的心腹宦官走进安禄山的营帐，将其杀死。

一代枭雄，掀起安史之乱，导致唐朝由盛转衰的安禄山，到死都没想到，被他最信任的三个人杀死了，而且连葬礼都没有！

常建

题破山寺[1]后禅院

清晨入古寺，初日[2]照高林。
曲径通[3]幽处，禅房[4]花木深。
山光悦[5]鸟性，潭影[6]空人心。
万籁[7]此都寂，但余[8]钟磬[9]音。

文字注释

① 破山寺：即今江苏常熟虞山北麓兴福寺。

② 初日：早上的太阳。

③ 幽：幽静。

④ 禅房：僧人住的房舍。

⑤ 悦：此处为使动用法，使……高兴。

⑥ 潭影：清澈潭水中的倒影。

⑦ 万籁：指各种声响。

⑧ 但余：只留下。

⑨ 钟磬：寺院诵经，敲钟开始，敲磬停歇。

白话译文

清晨时分我走进这古老寺院，初升的太阳映照着山上的树林。弯弯曲曲的小路通向幽深处，禅房掩映在繁茂的花木丛中。

山光明媚使飞鸟更加欢悦，潭水清澈令人心旷神怡。此刻万物都沉默静寂，只留下了敲钟击磬的声音。

作者档案

姓名	常建	性格特点	人物印象
生卒时间	不详	淡泊名利，宁静致远。	常建一生沉沦失意，记载很少，只知道他与王昌龄交好，他的诗意境清迥，语言自然，在艺术上有独特造诣。
籍贯	可能是长安（今陕西西安）		
身份	唐代诗人		
文学地位	颇有影响力的著名诗人		
别称	无		
名言名句	湖上老人坐矶头，湖里桃花水却流。		

写作背景

诗人在清晨登上虞山，进入兴福寺，旭日初升，阳光照进山上的树林，洒下层层光影。

诗人穿过寺中的竹丛小路，走到幽深的后院，发现禅房就在后院花丛树林深处。这幽静美妙的环境，让常建为之惊叹、陶醉，忘情地欣赏起来，有感而发写下这首诗。

趣味故事

在唐朝人殷璠选编的唐诗集《河岳英灵集》中，第一个诗人就是常建，第二个才是诗仙李白，而其中，收录了李白的十三首诗，常建的却有十四首。殷璠这个人选诗比较公正，可见常建在他眼中的地位很高。

不懂就问：描写有哪些种类？

细节描写，指用极细腻的笔法，精准地描绘人或事。白描，指文字简练单纯，不加任何渲染烘托。正面描写，指直接地描写人或事物。侧面描写，指通过描写对象周围的人或事物来写这个对象，使得所描写的对象更鲜明、突出。动态描写，指描写人或事物处在行动或变化之中的动态。静态描写，指描写人或事物处在相对静止状态。

史海拾贝

安庆绪伙同严庄等人杀死安禄山之后，做了安燕朝廷的君主。可是他这个人不着调，说话颠三倒四，严庄不让他和外人见面，安庆绪很听严庄的话，权力都在严庄手里把持着。

大唐朝廷收到安禄山死亡的消息，准备攻打安庆绪。公元 757 年，郭子仪受封天下兵马副元帅，和李亨的大儿子大元帅李豫统领十五万大军前去收复长安和洛阳。

郭子仪精通军事，手下还有大将李嗣业，经过一番苦战，安庆绪不是对手，和严庄等人逃往相州，大唐王朝终于夺回洛阳和都城长安。这年的 12 月，河东、河西、河南的失地大部分均已收复。

杜甫

绝句

两个黄鹂鸣翠柳，
一行白鹭上青天。
窗含西岭①千秋雪②，
门泊③东吴④万里船⑤。

文字注释

① 西岭：指四川省西北部的岷山。

② 千秋雪：指多年不化的积雪。

③ 泊：停泊。

④ 东吴：古时候吴国的领地，今江苏、浙江一带。

⑤ 万里船：不远万里开来的船只。

白话译文

两只黄鹂在翠绿的柳树间鸣叫，一行整齐的白鹭直冲向蔚蓝的天空。我坐在窗前，可以望见西岭上终年不化的积雪，门前停泊着自万里外的东吴远行而来的船只。

作者档案

姓名	杜甫，字子美	性格特点	人物印象
生卒时间	712—770	忧国忧民，胸怀天下，关心百姓。	杜甫的诗歌，不论是喜，还是悲，始终贯穿着的是他的忧国忧民之心，始终饱含的是他浓浓的爱国之情。杜甫人格高尚，诗艺精湛，始终怀着“致君尧舜上，再使风俗淳”的宏伟抱负，被尊称为“诗圣”。他一生写诗一千五百多首，留下了无数传颂千古的名句。
籍贯	河南巩县（今河南巩义西）		
身份	唐代伟大的现实主义诗人		
文学地位	诗圣		
别称	杜少陵、杜工部、杜拾遗、杜草堂、少陵野老		
名言名句	致君尧舜上，再使风俗淳。		

创作背景

安史之乱时，杜甫逃往四川梓州避乱。公元762年，安史之乱平定，杜甫跟随成都尹严武回成都，在成都建了一个草堂，与妻儿在这里居住，一家人其乐融融，再加上战乱平定，杜甫心情不错，面对天地间生机勃勃的景象，他情不自禁写下这首即兴小诗。

趣味故事

杜甫小时候很贪玩，连板凳都坐不住，五六岁时连一首诗都记不住，让他爷爷很生气。杜甫的爷爷是杜审言，那可是“文章四友”之一，当时的文学泰斗。杜审言十分严格，杜甫在爷爷的严厉管教下，改掉了贪玩的习惯，开始发奋苦读。

他成名以后曾在诗中表达了他对诗歌创作的心得，就是我们耳熟能详的“读书破万卷，下笔如有神”。

不懂就问：炙手可热这个成语与杜甫有关吗?

前半生英明神武、后半生昏庸腐败的唐玄宗，大唐在他的治理下前期确实出现了“开元盛世”的局面，后期却是岌岌可危。特别是安史之乱发生之后，杜甫觉得唐玄宗不关心老百姓的死活，只顾自己享乐，势必会导致大唐败亡，他就写了一篇叫《丽人行》的长篇古诗，把杨家那些奢侈生活在这首诗中进行了大胆的讽刺和深刻的揭露，其中的一句为“炙手可热势绝伦，慎莫近前丞相嗔”。后来人们从这首诗中概括了一个成语“炙手可热”，用来形容气焰很盛，权势很大。

史海拾贝

在唐肃宗与安禄山打得不可开交的时候，另一路叛军主力史思明已经归降唐肃宗了。史思明这人两面三刀，野心勃勃，假意投降唐肃宗，蛰伏等待时机。

史思明非常阴险，表面归降，私下却与叛军多有来往，不断招兵买马。

唐肃宗李亨早有察觉，于是便派乌承恩前去河北做内应，可乌承恩才到河北不久，便被史思明杀死了。

安庆绪杀死安禄山后不久，史思明在河北又掀起反旗，与安庆绪结盟对抗大唐。

绝句

迟日①江山丽，
春风花草香。
泥融②飞燕子，
沙暖睡鸳鸯③。

文字注释

①迟日：春日。
②泥融：这里指泥土变湿软。
③鸳鸯：一种鸟，常在水边嬉戏，雄鸟和雌鸟常结对生活。

白话译文

沐浴着春光的江山多么秀丽，春风送来花草的芳香。燕子衔着湿泥忙着筑巢，暖和的沙子上睡着成双成对的鸳鸯。

创作背景

公元 764 年，杜甫随着严武再次回到成都，安史之乱已经过去多时，此前漂泊在外将近 2 年。严武表荐杜甫为检校工部员外郎，不久杜甫又辞去了官职。这期间，杜甫寄人篱下，生活依然艰苦。

这是杜甫客居成都草堂时写的一首小诗，成都虽好，却不是杜甫心中的远方。面对这一幅色彩明丽的春光图，不禁勾起了杜甫心里沉重的乡思。

趣味故事

杜甫小时候因父母早逝，和姑姑一同居住，姑姑待他犹如亲生儿子。杜甫三十一岁那年姑姑去世，他为姑姑披麻带孝，并写下一篇墓志铭——《唐故三年县君京兆杜氏墓碑》。文中记录了这样一件事：当年有一种传染病盛行，杜甫和姑姑家的孩子得了一样的病，求助巫医，说要躺在东边的床上才能好。

可是东边只有一张床，那可怎么办呢，一个是亲生儿子，一个是如同亲子般的侄子，最终思考良久，姑姑还是决定让杜甫躺在那里。

之后，姑姑的儿子死了，这让杜甫深深感到愧疚，也为他日后忧国忧民的思想奠定了最初的基础。

不懂就问：杜甫的诗歌风格为什么是沉郁顿挫?

沉郁，是说杜甫的诗歌情感比较深沉忧郁。在安史之乱中，

唐·李昭道　湖亭游骑图（现藏于台北故宫博物院）

杜甫写了很多反映老百姓苦难生活的诗篇,他自己过得也不好，所以写诗的时候，感情就比较低沉了。

顿挫，是说杜甫的写诗手法。一是指杜甫诗歌韵律的抑扬顿挫，从音调上感受作者表达的情感。一是指情感表达的含蓄曲折。

史海拾贝

公元 758 年，郭子仪在卫州大败安庆绪，斩杀了安庆绪的弟弟安庆和，攻克了卫州。

安庆绪逃往相州邺城，郭子仪等人穷追不舍，包围了邺城，使用水攻，引漳江水淹邺城，安庆绪大军粮草吃尽，走投无路，只得向史思明求援。

史思明和安庆绪是唇亡齿寒的关系，带了三十万大军前来救援安庆绪。

公元 759 年，两军在邺城对阵，差不多势均力敌，郭子仪原本占上风，但麾下大将被流矢击中受伤退出战斗，郭子仪率部跟在后面，还没来得及布阵，突然大风起，吹沙拔木，天地晦暗，什么都看不清。郭子仪只得退守河阳。小人鱼朝恩在唐肃宗面前陷害郭子仪，郭子仪被召回京城，失去军权，史思明得以苟存。

江畔独步寻花

黄师塔①前江水东，
春光懒困②倚微风。
桃花一簇开无主③，
可爱深红爱浅红？

文字注释

① 黄师塔：和尚所葬之塔。

② 懒困：感到疲倦困怠。

③ 无主：无人照管，自由自在地开。

白话译文

黄师塔前的江水向东奔流而去，温暖的春光使人感到疲倦困怠，吹着和煦的春风，一丛丛盛开的桃花好像没有人照管，自由自在地开着，你是喜欢深红色的还是浅红色的桃花？

创作背景

唐肃宗上元元年（760 年），诗人杜甫饱受离乱之苦后，定居于四川成都，在西郊浣花溪畔修建草堂，这里成为了他暂时安身的住所。公元 761 年或 762 年的春天，正值春暖花开之际，杜甫独自在锦江江畔散步赏花，写下了《江畔独步寻花七绝句》组诗，这首诗便是其中一首。

趣味故事

759 年夏天，华州及关中大旱，杜甫写下《夏日叹》和《夏夜叹》，忧时伤乱，咏叹国难民苦。这年立秋后，杜甫因对污浊的时政痛心疾首，而放弃了华州司功参军的职务，西去秦州（今甘肃省天水一带）。

杜甫几经辗转，最后到了成都，在严武等人的帮助下，在城西浣花溪畔，建成了一座草堂，世称“杜甫草堂”，也称“浣花草堂”。后被严武荐为节度参谋，全家寄居在四川奉节县。

764 年春，严武再次入蜀，杜甫才又回到草堂，他此前漂泊在外将近两年。严武表荐杜甫为检校工部员外郎，做了严武的参谋，后人又称杜甫为“杜工部”。

唐·李昭道　曲江图（局部）（现藏于台北故宫博物院）

不懂就问：杜甫为什么是“诗圣”？

杜甫身处乱世，虽然经历流离之苦，但是他始终站在百姓的立场，乱世的悲欢离合都没有浇灭杜甫的初心，他将这种情怀注入诗歌之中，使得他的诗歌激荡着热爱国家、热爱百姓的炽烈情感和自我牺牲的崇高精神，登上了诗歌现实主义题材的顶峰，因此被尊称为“诗圣”。

史海拾贝

天宝末年，鱼朝恩进入内侍省，初为品官，后为唐肃宗所宠信，派为李光进的监军。后被任命为三宫检责使、左监门卫将军、知内侍省事。鱼朝恩的出现，极大加强了宦官的实力。鱼朝恩由于妒嫉郭子仪有很多军功，经常向唐肃宗进献谗言，不久，唐肃宗就把郭子仪调回京师，解除了他的职务。

自鱼朝恩之后，唐肃宗开始宠信宦官李辅国等人，这些人操纵唐朝的军政大权，势力逐渐膨胀，为唐朝中、晚期的宦官专权局面埋下了伏笔。

春夜喜雨

好雨知时节，当春乃①发生②。
随风潜③入夜，润物④细无声。
野径⑤云俱黑，江船火独明。
晓看红湿处⑥，花重⑦锦官城⑧。

文字注释

① 乃：就。

② 发生：使植物萌发、生长。

③ 潜：暗暗地，悄悄地。这里指春雨在夜里悄悄地随风而至。

④ 润物：使植物受到雨水的滋润。

⑤ 野径：田野间的小路。

⑥ 红湿处：被雨水打湿的花丛。

⑦ 花重：花因为饱含雨水而显得沉重。

⑧ 锦官城：成都的别称。成都曾经是主持织锦的官员的官署所在地，所以叫“锦官城”。

白话译文

好雨好像知道自己该下雨的时节，正是在春天万物萌生的时候。春雨随着春风在夜里悄悄落下，无声滋润着大地万物。浓浓的乌云笼罩着田野间的小路，只有江上的渔船还闪烁着灯火。明早再看带着雨珠的红艳艳的鲜花，成都变成了沉甸甸的鲜花盛开的世界。

创作背景

公元 761 年，杜甫已经在成都草堂定居 2 年了，他的生活逐渐安稳。经过安史之乱这么长时间的漂泊，杜甫越发珍惜这种平淡的生活。他亲自在地里耕耘，每天种菜，养花，与农民探讨一下人生与种菜的时节技巧。

对于耕作的人来说，春雨贵如油，大家都对春雨怀着感激的心情，于是杜甫便写下了这首描写春雨降临，润泽万物的美景诗作。

趣味故事

在我们的印象里，杜甫似乎是古代诗人中最惨的一个，穷困潦倒、落魄不堪，可事实上，杜甫穷苦的日子只是一时，更多时候是富足的，比李白还快活得多。

杜甫出生的那年，刚好是唐玄宗李隆基登基。出生在这样的好年代，再加上杜甫家里富贵，所以他前半生无忧无虑。十五岁时，李白已经萌生了匡扶天下的志向，杜甫还在一门心思爬树，他说："庭前八月梨枣熟，一日上树能千回"。

744 年，杜甫认识了李白。两人虽然年纪相差很大，但两人却成了好朋友。这时候的李白已经开始了穷困潦倒的生活，经常都是杜甫接济他。

不懂就问：什么是"少陵体"？

杜甫诗歌的出现，标志着唐代的诗歌风格开始转变。"少陵体"的基本特征就是沉郁顿挫。前面说过，这个风格的诗歌，内容深刻，感情深沉，善于用高度概括的艺术手法反映丰富多彩的现实生活。杜甫的近体诗格局严谨、对仗工整，音调和谐，因此他的诗是中国诗史上的高峰。"少陵体"在诗歌史上影响深远，不同程度滋养着后世众多诗人及流派的发展。

史海拾贝

郭子仪与李光弼败退之后，史思明带军前去追击，被退守河阳的郭子仪击退。安庆绪得到唐军留下的大批粮草后，趁史思明不在，关闭邺城的城门，拒绝史思明入内。

史思明用计进入城内，诛杀了安庆绪和若干大将，吞并了安庆绪的兵马与地盘。

公元 759 年，史思明自称大燕应天皇帝，改元顺天，改范阳为燕京，建立史燕政权。

闻官军收河南河北

剑外[1]忽传收蓟北[2]，初闻[3]涕泪满衣裳。

却看[4]妻子[5]愁何在，漫卷[6]诗书喜欲狂。

白日放歌[7]须[8]纵酒[9]，青春[10]作伴好还乡。

即从巴峡穿巫峡，便[11]下襄阳向洛阳。

文字注释

① 剑外：指作者所在的蜀地。

② 蓟北：泛指唐朝蓟州北部地区，是叛军盘踞的地方。

③ 闻：听说。

④ 却看：回头看。

⑤ 妻子：妻子和孩子。

⑥ 漫卷：胡乱地卷起。

⑦ 放歌：放声高歌。

⑧ 须：应当。

⑨ 纵酒：开怀畅饮。

⑩ 青春：指春天。

⑪ 便：就。

白话译文

剑外忽然传来官军收复蓟北的消息，我刚刚听到这个消息，眼泪就已经沾满了衣裳。回望妻子儿女，哪里还有一点忧伤，胡乱卷起诗书，欣喜若狂。

日头高照，我放声高歌，开怀畅饮，趁着明媚的春光与妻儿同回故乡。心想着就从巴峡穿过巫峡，经过襄阳城后就直奔洛阳。

创作背景

安史之乱爆发以来，河南河北被叛军攻占，杜甫也被迫离开家乡河南，来到四川避难，过起流落他乡，四处奔波的生活。

杜甫创作这首诗歌时正是安史之乱结束之时，那段兵荒马乱的岁月也是杜甫一生中最痛苦的一段经历。

听到胜利的消息后，思乡心切的杜甫欣喜若狂，恨不得马上回到家乡，于是挥笔写下了这首充满喜悦的《闻官军收河南河北》。

趣味故事

杜甫七岁，父亲教他背诵古赋，赋中有“凤凰”的名字。杜甫虽然早就听说过凤凰，但没见过凤凰是个什么模样，就扬起天真的小脸问父亲：“爹爹，凤凰鸟到底是什么样的啊？”

父亲摸了摸他的头，回答说：“这凤凰鸟啊，是古代传说中的鸟王，雄为凤，雌为凰。它的头颅像鸡，脖子像蛇，羽毛像燕子的一样，后背像龟，尾巴像鱼尾。凤凰从来不与凡鸟为群，是高洁的象征。”

杜甫听完，明亮的眼中全是对凤凰的向往，对父亲说：“我以后也要像凤凰一样，做一个出类拔萃的人。”

杜甫还以凤凰为名，写了他人生中的第一首诗，父亲很是高兴，奖励了他。

不懂就问：什么是叙事诗？

叙事诗是诗歌题材的一种，主要用诗的形式来记叙事情，刻画人物，通过写人叙事来抒发情感。比如杜甫在安史之乱期间，写了很多叙事诗，这些诗歌可以当历史故事来看。

比如，读了杜甫的《新安吏》：“中男绝短小，何以守王城？”我们就会知道，原来那时候战争这么残酷，人还没成年就要上战场。

比如《垂老别》中的“四郊未宁静，垂老不得安”，我们就会知道，一把年纪了也要上战场，老了也不得安宁。

史海拾贝

安史之乱中，北方生灵涂炭，江淮以南地区则保持了相对稳定的发展。当时的淮西节度副使叫刘展，是个将才，治军有方，但为人刚直，受到上司王仲升的嫉妒。

公元760年，王仲升联合宦官一起向唐肃宗进献谗言，说刘展想谋反，唐肃宗就下令杀死刘展。刘展看出不对，无奈只得被逼造反，带领部下七千宋州兵与江南节度使李亘交战。这是当时长江下游地区唯一遭受的一次严重战祸，史称“刘展之乱”。

江南逢李龟年

岐王①宅里寻常②见，
崔九③堂前几度闻。
正是江南好风景，
落花时节④又逢君。

文字注释

① 岐王：唐玄宗的弟弟李范，封岐王。

② 寻常：经常。

③ 崔九：指殿中监崔涤，唐玄宗的宠臣。“九”是他在兄弟中的排行。

④ 落花时节：暮春时节。

白话译文

当年我在岐王宅里，常常见到你的演出，在崔九堂前，也曾多次听到你的歌声。现在正是江南风景秀美的时候，在这暮春落花时节又能和你相逢。

创作背景

李龟年是唐朝开元、天宝年间的著名乐师，曾因受到唐玄宗李隆基宠爱红极一时。

安史之乱时，李龟年流落江南，只能靠卖艺为生。公元770年，杜甫漂泊到江南一带，和李龟年相逢。两人本来就交好，又境遇相同，这次见面，回忆往昔，杜甫感慨万千，写了这首诗。

趣味故事

公元759年，安史之乱爆发后第5年春天，杜甫经过潼关，从洛阳回华州，路过奉先县。

杜甫本来在城里瞎逛，突然看到前面有一人很眼熟，朝那人喊道："卫八！"前面那人回过头来，看见杜甫，也很惊喜。

原来这人叫作卫八处士，正是杜甫20年没有见面的好朋友。卫八处士在此地的山村隐居，见了杜甫，拉着他到自己家里去。当时时局动荡，到处兵荒马乱，两人都穷苦潦倒，身上无二两银钱，酒是喝不成了，吃饭也成问题。

卫八处士冒着春夜里寒冷的雨水，去菜园采摘了地里唯一的韭菜，炒了一盘韭菜，白米掺黄米一起煮了饭。一盘韭菜，一碗"二米饭"，虽然简陋，却是卫八处士能够拿出来的最好的了。杜甫十分感动，写下了著名的诗篇《赠卫八处士》，其中一句"夜雨剪春韭，新炊间黄粱"成了经典名句。

唐·佚名　　宫乐图（现藏于台北故宫博物院）

不懂就问：杜甫的诗为什么被称为“诗史”？

唐朝有一个叫孟棨的人，他是第一个称杜甫的诗歌为“诗史”的人。因为杜甫在安史之乱期间，写了很多叙事诗，这些诗大部分内容是关于百姓的现实生活的，真实记录了当时的社会现实和重大事件，在杜甫的这些诗歌中，可以看到当时老百姓的生活状况，就像一部史书一样。

杜甫是伟大的现实主义诗人，作为那个时代的忠实记录者，他的诗歌围绕安史之乱中百姓流离失所的悲惨现实，记载安史之乱前后时代的变化，忠实反映老百姓的悲欢离合。杜甫用诗记录了自己在安史之乱中的见闻感受，全面深刻地反映了这一时期的社会现实，所以他的诗被称为“诗史”。

史海拾贝

公元755年冬天安禄山起兵造反，一度占领首都长安和陪都洛阳。安禄山死后，他的部下史思明继续造反，直到763年叛乱才被平息。掀起安史之乱的两位枭雄，史思明、安禄山都是死在自己儿子手里。

安史之乱发生之前，唐朝一直处于“极盛时代”，安禄山和史思明发动的安史之乱，给了唐朝一个巨大的打击，千万生命死于战乱之中，“朱门酒肉臭，路有冻死骨”。从此，兴盛的大唐王朝，开始走向没落。

望岳

岱宗①夫②如何？齐鲁③青未了④。
造化⑤钟⑥神秀⑦，阴阳⑧割⑨昏晓。
荡胸⑩生曾⑪云，决眦⑫入归鸟。
会当⑬凌⑭绝顶，一览众山小。

文字注释

① 岱宗：指泰山。

② 夫：句首发语词，无实在意义。这里强调疑问语气。

③ 齐鲁：春秋时的两个诸侯国，在今山东一带。泰山以北为齐国，泰山以南为鲁国。

④ 未了：不尽。

⑤ 造化：指天地、大自然。

⑥ 钟：聚集。

⑦ 神秀：天地之灵气，神奇秀美。

⑧ 阴阳：古人以山北水南为阴，山南水北为阳。

⑨ 割：分。

⑩ 荡胸：使心胸震荡。

⑪ 曾：同“层”。

⑫ 决眦：张大眼睛。眦，眼眶。

⑬ 会当：终当，终要。

⑭ 凌：登上。

白话译文

那五岳之首泰山到底如何雄伟？泰山横跨齐鲁，青色的峰峦连绵不断。大自然将神奇和秀丽都集中于泰山，山的南北两面，一面明亮，一面昏暗，截然不同。

层云升起，使心胸震荡，张大眼睛远望飞鸟归林。定要登上泰山的顶峰，一眼望去，群山（都显得）渺小。

创作背景

公元 735 年，杜甫在洛阳参加进士科考，结果落第，而杜甫的父亲当时在兖州任司马一职。趁着回家省亲的机会，杜甫跑去齐鲁大地过了好几年“裘马轻狂”的快意生活。

无事一身轻，杜甫整日游山玩水，这首诗便是这时所作，表现出了杜甫不凡的抱负。

趣味故事

公元 746 年，杜甫一个人客居在咸阳城的一家旅舍里。

除夕夜这天，杜甫把所有在旅舍客居、远离家乡的人们聚集起来，打牌娱乐。不一会儿气氛就热烈起来，人们一个个摩拳擦掌，大喊大叫，连杜甫也跟着兴奋起来。

疯狂过后，杜甫才想起自己是个文人，和这群大老粗可不一样，他咳了两声，为自己辩解道：“东晋刘毅还没有入朝为官时，家里穷得快揭不开锅了，打牌下注都是百万钱，后来照样是一代名相。现在我寄居他乡打牌娱乐一下，不过是暂时的欢娱消遣，我的志气就像刘毅一样，这小小的银两输赢又何须挂怀。”

不懂就问：李白和杜甫谁比较厉害?

李白是“诗仙”，风格潇洒，写诗一蹴而就，读起来酣畅淋漓。杜甫是“诗圣”，他的诗歌叫“诗史”，风格沉郁顿挫，诗中情感比较悲观，忧郁情怀比较多，很少看见有开心的事情，杜甫的这种写作手法很有艺术张力。

李白和杜甫的诗歌风格完全不同，但是两人都在自己的领域开辟了新的天地，不能单凭个人喜好说谁更厉害。

史海拾贝

安史之乱前后共持续了8年，让盛极一时的大唐王朝遭到了一次空前浩劫，从此开始走下坡路。这场战乱中，老百姓更是饱受摧残，战火燃烧的地方，人烟断绝，千里萧条，元气大伤，广大人民皆处在无家可归的状态。一场安史之乱拖垮了唐朝，此后，唐朝由盛转衰，颓势难以挽回。

春望

国[1]破[2]山河在，城春草木深[3]。
感时[4]花溅泪[5]，恨别[6]鸟惊心。
烽火[7]连三月[8]，家书抵[9]万金。
白头[10]搔[11]更短，浑[12]欲[13]不胜[14]簪[15]。

文字注释

① 国：国都，指长安城。

② 破：陷落。

③ 草木深：草木茂盛。

④ 感时：为国家的时局而感伤。

⑤ 溅泪：流泪。

⑥ 恨别：怅恨离别。

⑦ 烽火：古代边防报警的烟火。这里借指战事。

⑧ 三月：正月、二月、三月。

⑨ 抵：值，相当。

⑩ 白头：这里指白头发。

⑪ 搔：用手指轻轻地抓。

⑫ 浑：简直。

⑬ 欲：想，要，就要。

⑭ 胜：能够承受、禁得起。

⑮ 簪：一种别住发髻的长条状饰物。

白话译文

长安沦陷，国家破碎，但是山河依旧；春天到了，长安城里杂草和树木茂盛。感伤战败的时局，看到鲜花盛开不禁流下眼泪，鸟鸣惊心，徒增离愁别恨。

连绵的战火已经延续了一个春天，家书难得，一封抵得上万两黄金。愁绪缠绕，搔头思考，白发越搔越短，简直不能插簪了。

写作背景

公元 756 年，帝都长安被安史叛军占据，唐玄宗李隆基慌忙逃往四川，唐肃宗李亨即位。

杜甫听到这个消息，把家人安顿在鄜州，自己孤身一人前去投靠唐肃宗。可是才走到半路，就被叛军抓住了。

叛军把杜甫押送到长安，因他官职卑微，未被监禁。

公元 757 年，杜甫身陷长安，看着以往繁华的长安城，如今一片萧条零落，不禁悲从心来，写下了这首传诵千古的名作。

趣味故事

传说，杜甫曾经在同谷县飞龙峡谷的凤凰村居住过。村里人吃水都要去井里或者泉水里打水。

杜甫的儿子当时生病了，他用各种地方的水给儿子煎药，可丝毫不见好转，他便到不远处的玉绳泉去打水给儿子煎药。没想到，他儿子一吃用玉绳泉水煎的药，病马上就好了。

这个消息一传十、十传百，连同谷县城里的人都知道了。从那时起，周围只要有人生病，都会用玉绳泉的水来煮药治病。

直到今天，那里的人还保留着用玉绳泉水煮药的习惯。

不懂就问：写动与写静有什么分别?

写动与写静，也可以叫有声写无声。主要有三类，第一是以静衬动，主要表现动。第二是以动衬静，主要表现静。第三是动静配合，相映成趣。这三种都是为表达作者的情感服务的。

史海拾贝

安史之乱后，中央集权被削弱，唐朝采取姑息政策，封赐平乱有功的将领及安史降将等为节度使。这些节度使割据地方，不听中央命令，使唐室久衰不振。

安史之乱时，宦官李辅国拥立唐肃宗，唐肃宗以李辅国拥立有功为由，让他掌控中央禁军，开了宦官控制军权的先例，使得日后宦官权力不断扩大。同时，在安史之乱中，唐朝向回纥借兵平乱，回纥恃功掠夺，令唐朝国威荡然无存。从此之后，吐蕃、南诏等侵扰不绝，边防空虚，大唐国力衰微。

存者且偷生⑪，死者长已矣⑫！
室中更无人⑬，惟有乳下孙⑭。
有孙母未去⑮，出入无完裙⑯。
老妪⑰力虽衰，请从吏夜归⑱，
急应河阳役⑲，犹得⑳备晨炊。
夜久语声绝，如闻泣幽咽㉑。
天明登前途㉒，独㉓与老翁别。

石壕吏[1]

暮投[2]石壕村，有吏夜[3]捉人。
老翁逾[4]墙走[5]，老妇出门看。
吏呼一何怒！妇啼一何[6]苦！
听妇前致词[7]：三男邺城戍[8]。
一男附书至[9]，二男新[10]战死。

文字注释

① 石壕吏：石壕，即石壕村，在今河南三门峡东南。吏，小官，这里指差役。

② 投：投宿。

③ 夜：时间名词用作状语，在夜里。

④ 逾：翻过去。

⑤ 走：跑，这里指逃跑。

⑥ 一何：多么。

⑦ 前致词：走上前去（对差役）说话。

⑧ 戍：防守。

⑨ 附书至：捎信回来。

⑩ 新：最近。

⑪ 且偷生：姑且活一天算一天。

⑫ 长已矣：永远停止。已，停止，这里指生命结束。

⑬ 室中更无人：家中再也没有别的（男）人了。

⑭ 乳下孙：还在吃奶的孙子。

⑮ 有孙母未去：（因为）有孙子在，（所以）他的母亲还没有离去。

⑯ 完裙：完整的衣服。群，这里泛指衣服。

⑰ 老妪：老妇。

⑱ 请从吏夜归：请让我跟着你晚上一起回去。

⑲ 急应河阳役：赶快到河阳去服役。河阳，今河南孟州，当时唐朝官兵与叛军在此对峙。

⑳ 犹得：还能够

㉑ 幽咽：形容低微断续的哭声。

㉒ 登前途：踏上前行的路。

㉓ 独：唯独，只有。

白话译文

傍晚时分在石壕村投宿，夜里有差役在村子里抓壮丁，老翁翻墙逃跑，老妇出门查看，差役大声呼喊显得特别凶狠，妇人大声啼哭显得特别凄苦。

我听到老妇人上前对差役说："我的三个儿子都在邺城防守，其中一个儿子捎信回来，说另外两个儿子最近战死了，活着的人尚且苟且偷生，可是死去的人就永远不会回来了！家里已经没有别的男人了，只有一个正在吃奶的小孙子。

因为还有小孙子在，他的母亲还没有离去，但是进进出出都没有一件完整的衣服。虽然我老妇年老力衰，但请你允许我跟着你赶回去。赶快到河阳去服役，还来得及准备早餐。"

夜深了，说话的声音逐渐消失，隐隐约约还能听到老妇人低微断续的哭泣声。

天亮之后我继续赶路，只与返回家中的老翁告了别。

创作背景

乾元二年（759）的春天，杜甫由左拾遗被贬为华州司功参军。他离开洛阳，途经新安、石壕、潼关等地，风尘仆仆赶往华州任所。当时，唐军在安史之乱中溃败，为了补充兵力，便在洛阳、潼关一带抓壮丁。

杜甫所到之处，老百流离失所，苦不堪言。这些悲惨的现实引发了杜甫感情上的强烈震动，便写下了著名的“三吏三别”。这首诗是杜甫在投宿石壕村时，遇到差役深夜捉人，就其所见所闻写成,表现了杜甫对战乱中苦难人民的同情与关注。

趣味故事

《石壕吏》使用了“藏问于答”的表现手法。老妇人的话不是一口气说出来的，而是差役一步步逼问出来的，可以试想一下对话环境。

差役：你家里的男人都到哪里去了？

妇人：三男邺城戍。一男附书至，二男新战死。存者且偷生，死者长已矣！

差役：你们家还有没有别人？

妇人：室中更无人。

差役：你撒谎，不是还有个孩子正在哭吗？

妇人：惟有乳下孙。

差役：这么小的孩子没有母亲吗？叫她出来！

妇人：有孙母未去，出入无完裙。

差役：那也让她跟我们走，朝廷正在打仗需要人，你家不可能一个人都不派！

妇人：老妪力虽衰，请从吏夜归。

差役：你这么大的年纪了，去了能干什么？

妇人：急应河阳役，犹得备晨炊。

所谓“藏问于答”，就是作者故意把问话藏起来，只写出答话。运用这种手法，言简意丰，委婉含蓄，韵味悠长，给读者留下了广阔的思考空间。

不懂就问：什么是“三吏三别”？

“三吏”指《新安吏》《石壕吏》《潼关吏》，“三别”指《新婚别》《无家别》《垂老别》，这些都是诗人杜甫的作品，深刻揭示了民间疾苦及在乱世之中身世飘荡的孤独，以及战争给人民带来的战乱之苦、家国之痛，表达了杜甫忧患苍生、悲天悯人的情怀。

史海拾贝

安史之乱的战火波及了唐朝的半壁江山，持续了8年之久。这场叛乱不仅是历史的浩劫、百姓的劫难，同时也是唐朝诗歌风格的重要转折点，从之前的绮丽浪漫逐步转变为深刻写实的肺腑之言。

杜甫在安史之乱期间的诗歌创作达到了顶峰。他是时代兴衰的见证人，他用悲天悯人的视角观察人民疾苦，诗作生动体现了他对国家前途的担忧，对百姓疾苦的同情，以及对自己命运的思考。也正是这些诗作，让他成为了后人口中的“诗圣”。

俄[10]顷风定云墨色，秋天漠漠向昏黑。布[11]衾多年冷似铁，娇儿恶[12]卧踏里[13]裂。床头屋[14]漏无干处，雨脚如[15]麻未断绝。自经丧[16]乱少睡眠，长夜沾[17]湿何由[18]彻！

安[19]得广[20]厦千万间，大[21]庇天下寒[22]士[23]俱欢[24]颜！风雨不动安如山。呜[25]呼！何时眼前突[26]兀[27]见此屋，吾[28]庐独破受冻死亦[29]足！

茅屋为秋风所破歌

八月秋高[1]风怒号[2]，卷我屋上三重茅[3]。茅飞渡江洒江郊，高者挂罥[4]长[5]林梢，下者飘转沉塘坳[6]。

南村群童欺我老无力，忍能[7]对面[8]为盗贼。公然抱茅入竹去，唇焦口燥呼不得[9]，归来倚杖自叹息。

文字注释

① 秋高：秋深。

② 怒号：大声吼叫。

③ 三重茅：多层茂草。三，泛指多。

④ 挂罥：挂着，挂住。罥，挂结。

⑤ 长：高。

⑥ 塘坳：即池塘。坳，水势低的地方。

⑦ 忍能：狠心如此、这样。

⑧ 对面：当面。

⑨ 呼不得：喝止不住。

⑩ 俄顷：一会儿。

⑪ 布衾：布质的被子。衾，被子。

⑫ 恶卧：睡相不好。

⑬ 裂：使动用法，使……裂。

⑭ 床头屋漏：泛指整个屋子。

⑮ 雨脚如麻：形容雨点不间断，像下垂的麻线一样密集。

⑯ 丧乱：战乱，指安史之乱。

⑰ 沾湿：潮湿不干。

⑱ 何由彻：如何挨到天亮。彻，到，这里是“彻晓”（到天亮）的意思。

⑲ 安得：如何能得到。

⑳ 广厦：宽敞的大屋。

㉑ 大庇：全部遮盖、掩护起来。庇，遮盖，掩护，保护。

㉒ 寒士：贫寒的士人。

㉓ 俱：都。

㉔ 欢颜：喜笑颜开。

㉕ 呜呼：书面感叹词，表示叹息，相当于“唉”。

㉖ 突兀：高耸的样子。

㉗ 见：同“现”，出现。

㉘ 庐：茅屋。

㉙ 足：值得。

白话译文

八月秋深，狂风怒号，卷走了我屋顶上好几层茅草。茅草乱飞，漂过浣花溪，散落在对岸江边。飞得高的茅草缠绕在高高的树梢上，飞得低的飘洒沉落到池塘和洼地里。

南村的一群儿童欺负我年老没力气，竟忍心这样当面做“贼”抢东西。毫无顾忌地抱着茅草跑进竹林去了，我喊得口干舌燥也喝止不住，回来后拄着拐杖，独自叹息。

不久后风停了，天空中乌云像墨一样黑，深秋的天空阴沉迷蒙，渐渐黑下来了。家里的被子盖了多年，又冷又硬，像铁板似的。孩子睡相不好，把被子蹬破了。一下雨屋顶漏水，整个屋子里没有一点儿干燥的地方，雨水像麻线一样不停地往下漏。自从安史之乱之后，我睡眠的时间很少，长夜漫漫，屋子里潮湿不干，如何才能挨到天亮！

如何才能得到千万间高大宽敞的房子，庇护这天下贫寒的读书人，让他们开颜欢笑，遇到风雨也能不为所动，安稳得像山一样。唉！什么时候眼前才能出现这样高耸的房屋，到那时即使我的茅屋被秋风吹破，我自己受冻而死也心甘情愿！

创作背景

公元 757 年，杜甫终于从长安逃出，来到唐肃宗身边，被封了一个左拾遗的小官。不到一年，历经磨难的杜甫又被贬到华州。在这里，杜甫看到了处于水深火热中普通百姓的苦难生活，他因此写下了不朽名篇“三吏”（《新安吏》《石壕吏》《潼关吏》）和“三别”（《新婚别》《垂老别》《无家别》）。

公元 759 年，杜甫厌倦了官场生活，辞官随着好友严武来到成都，在郊外盖了几间茅草房，也就是成都草堂。杜甫生活贫困，秋天到了，大风把屋顶上的茅草卷走，大雨又接踵而至，杜甫饱经风雨，长夜难眠，这样的穷苦让杜甫想到了天下更多没有归所的士人，感慨万千，写了这首诗。

趣味故事

大家都知道杜甫和李白是好朋友，可是你们知道李白写了多少首诗给杜甫吗？三首，相比于他的其他诗不怎么出名。

而杜甫呢，几乎每年都要给李白写诗，春夏秋冬都有，在他现存诗作中，与李白有关的有二十多首，分别后单独写给李白的就有十首，几乎都是佳作。

他在长安时，有一个叫孔巢父的人要离开长安去江东，杜甫跑去参加人家的送行聚会。你以为是因为他和孔巢父交情很好？其实是因为李白这时候在江东。

杜甫给人家写了一首长诗《送孔巢父谢病归游江东兼呈李白》，诗的最后两句：“南寻禹穴见李白，道甫问讯今何如。”杜甫是挂念着李白啊！

不懂就问：实写与虚写是什么？

实写是直接描述事实，正面表现人物，它可以给文章增添现实感和真实感；虚写是通过感受、想象、对比、映衬等手法间接渲染、侧面暗示，它可以给读者留下充分的想象空间，使文章更具含蓄之美。实写和虚写常常组合使用，相互补充，效果更佳，称之为“虚实结合”。虚实相生可以增加时空的深度和广度，引发读者的想象，同时使形象鲜明。

史海拾贝

安史之乱后，北方经济衰落，人才凋零，税收收入逐渐依赖江南，南方成为大唐文化最兴盛的地方。战争之后，物资短缺，物价飞涨。连年战争导致劳动力不足，朝廷不得不增加税收，使得阶级压迫和朝廷压榨更加深重，老百姓和朝廷的矛盾越来越尖锐，日子过不下去，只得举兵反叛，形成了唐朝中叶农民叛乱的高潮。

月夜忆舍弟[1]

戍鼓[2]断人行[3]，边秋[4]一雁声。
露从今夜白[5]，月是故乡明。
有弟皆分散，无家问死生。
寄书长[6]不达[7]，况乃[8]未休兵[9]。

文字注释

① 舍弟：对人谦称自己的弟弟。

② 戍鼓：边防驻军的鼓声。

③ 断人行：指实行宵禁，禁止人行走。

④ 边秋：秋天的边塞。

⑤ 露从今夜白：指恰逢白露时节。

⑥ 长：一直，老是。

⑦ 达：到。

⑧ 况乃：何况，况且。

⑨ 未休兵：战争还没有结束。

白话译文

戍楼上的更鼓声隔断了人们的来往，边塞的秋天里，一只孤雁正在哀鸣。从今夜就进入了白露节气，月亮还是故乡的最明亮。

虽有兄弟却都分散了，没有家无法探问生死。寄往洛阳城的家书老是不能送到，何况战乱频繁没有停止。

创作背景

唐乾元二年（759）九月，安史叛军攻陷汴州，准备攻打洛阳。这时的山东和河南处于战乱之中，杜甫的几个弟弟都分散在这一带。由于战事阻隔，音信不通，杜甫非常的思念和牵挂亲人，于是杜甫写下了这首诗。

趣味故事

古时候大户人家大部分都是三妻四妾，杜甫却不一样。杜甫家里富贵，早年间一直过着游山玩水的生活，直到他三十多岁，遇到了司农少卿杨怡的女儿，两人情投意合，结为夫妻。

杨氏没有跟杜甫过多少好日子，成亲后不久就遇上了安史之乱，再加上家道中落，日子更苦了。有一年，杜甫刚到家，就听到妻子的哭声，进门一看，竟然是他们的小儿子饿死了！

在这样贫苦的条件下，杨氏依然对杜甫不离不弃。他们居住在成都草堂时，没有钱买棋盘，妻子就用纸笔画了一个棋盘，这是夫妻二人最喜欢的消遣。

杜甫在外面应酬时，有朋友叫来舞女作伴，杜甫直接拒绝，说道："使君自有妇，莫学野鸳鸯。"

公元770年，一代文学天骄杜甫死于路途之中，巨星陨落。在杜甫死后，杨氏郁郁寡欢，没过多久也撒手人寰，他们的子孙后代，按照他们的愿望把他们合葬在一起。

不懂就问：形容语言风格的词一般有哪些？

清新自然、明白晓畅、简练生动、平淡质朴、华美绚丽、委婉含蓄、沉郁顿挫、深沉凝重、雄奇豪放、婉约细腻、慷慨悲壮等。

史海拾贝

安史之乱后的唐朝历代统治者充分吸取安史之乱的教训，

唐·张萱　　捣练图（局部）（现藏于美国波士顿美术博物馆）

也涌现了唐代宗、唐德宗、唐顺宗、唐宪宗、唐武宗、唐宣宗等一批较为能干的皇帝。他们知人善任、勤勉政事、革除弊政，使得唐朝后期一度比较安定兴旺，出现了“元和中兴”“会昌中兴”和“大中之治”的盛况，为大唐注入了最后的强心针。

岑参

行军九日①思长安故园

②强欲登③高去，
无人送④酒来。
遥⑤怜故园菊，
应⑥傍战场开。

文字注释

① 九日：指阴历九月九日重阳节。

② 强：勉强。

③ 登高：重阳节有登高、赏菊、饮酒以避灾祸的风俗。

④ 送酒：此处化用有关陶渊明的典故。据南朝梁萧统《陶渊明传》记载：陶渊明重日在宅边的菊花丛中闷坐，刚好江州刺史王弘送酒来，于是痛饮至醉而归。

⑤ 怜：可怜。

⑥ 傍：靠近。

白话译文

勉强想要按照风俗在重阳节那天去登高喝酒，可是没有人像王弘那样把酒送来。在远方想念长安故园中的菊花，这个时候应该在战场的旁边寂寞地盛开。

作者档案

姓名	岑参	性格特点	人物印象
生卒时间	约 715—770	清高寡欢，刻苦自励，勇于进取，不喜欢攀附权贵、溜须拍马，胸怀报国志向的诗人，充满一腔热血的仁人志士。	岑参善于把许多人心头所想、嘴里要说的话，用艺术手法加以提炼和概括，使之具有典型意义。他的边塞诗对边塞风光、军旅生活和异域的文化风俗有亲切的感受，不仅给人以启迪，还具有人文研究价值。
籍贯	江陵（今属湖北）		
身份	唐代诗人		
文学地位	著名边塞诗人		
别称	岑嘉州		
名言名句	忽如一夜春风来，千树万树梨花开。		

创作背景

至德二年（757）二月，唐肃宗带领军队由彭原至凤翔，岑参随行。这首诗原有小注讲到“时未收长安”，九月唐军收复长安，这首诗可能是当年重阳节在凤翔写的。

从创作思路看，这首诗是岑参在重阳节那天想登高，引出了没人给他送酒的联想，又从无人送酒联想到故乡的菊花，最后感叹故园已成战场。从内容上看，岑参表现的并不仅仅是重阳节思念家乡，而是战争下对百姓疾苦的关切与同情，构思精巧，韵味悠长，是一首言简意赅、耐人寻味的佳作。

趣味故事

安史之乱的爆发，盛唐诗歌已开始走下坡路，这时，岑参的边塞诗脱颖而出。安史之乱后，岑参率兵抵抗安禄山的叛军，英勇杀敌，这段经历使得岑参有别于其他诗人，他既能写诗，也能上战场杀敌。作为边塞诗的代表人物，岑参一生两次随军出塞，时间长达五年，是唐朝出塞时间最长、出塞行程最远的边塞诗人。

不懂就问：开元天宝年间有哪两大诗派？

唐玄宗开元天宝年间，有两大诗派：一是以高适、岑参等人为代表的边塞诗派，风格雄浑豪迈，内容主要是描写边塞风光，反映边疆战士的艰苦生活；体现杀敌报国、建功立业的抱负；表达边疆将士思乡之情。

另外是以王维、孟浩然为代表的山水田园诗派，风格恬淡疏朴，内容多以农村景物和农民、牧人、渔夫等的劳动为主。

史海拾贝

安史之乱前的唐朝，可以用“百姓幸福得不能再幸福”来形容。唐朝初期的皇帝都重视农业生产，大力减轻赋税负担，老百姓有了安定的生产和生活环境。还修了很多大型水利工程，改进生产工具，制造了曲辕犁和筒车，农民的耕种水平有了很大提高，大大增加了粮食的产量。

唐朝从西域引进了蔬菜的新品种，茶叶种植得到了推广和发展。至于丝织品的花样就更多了，技术水平已经很高超了。

这个时期的陶瓷业也有重要发展，其中越窑青瓷、邢窑白瓷、唐三彩最为出名，唐三彩还是世界工艺的珍品。

逢入京使①

故园②东望路漫漫③，
双袖龙钟④泪不干。
马上相逢无纸笔，
凭⑤君传语⑥报平安。

文字注释

① 入京使：指回京城长安的使者。

② 故园：长安和自己在长安的家。

③ 漫漫：路途遥远的样子。

④ 龙钟：沾湿的样子。

⑤ 凭：请求，烦劳。

⑥ 传语：捎口信。

白话译文

向东遥望长安的家园路途十分遥远，思乡的眼泪沾湿了双袖，模糊了面容。在马上匆匆相逢没有带纸和笔，托你给我的家人捎个口信报个平安。

创作背景

公元749年，岑参第一次远赴西域，担任安西节度使高仙芝的幕府书记。此时岑参三十四岁，前半生功名不如意，不得不远赴千里之外的边塞，却只能当别人帐下的士卒，用文字表达内心的抱负和理想。他告别了在长安的妻子，跃马踏上漫漫征途。

岑参不知道走了多少天，在通往西域的大路上，他忽然迎面碰见一个老相识。两人立马而谈，互相寒暄，知道对方要返京述职，不免有些感伤，勾起了无限的思绪，同时想到请他回长安给家里带个口信，报个平安，此诗就描写了这一情景。

趣味故事

开元二十八年（740），王昌龄任江宁丞，岑参写《送王大昌龄赴江宁》相送。王昌龄比岑参大十多岁，也是著名的边塞诗人。王昌龄去过边塞，岑参对边塞的兴趣，或许与王昌龄有很大关系。在长安相处的日子里，王昌龄一定会将自己的边塞生活经历讲给好奇的岑参听。因此，岑参的边塞诗，自然也会受到王昌龄的感染和启迪。

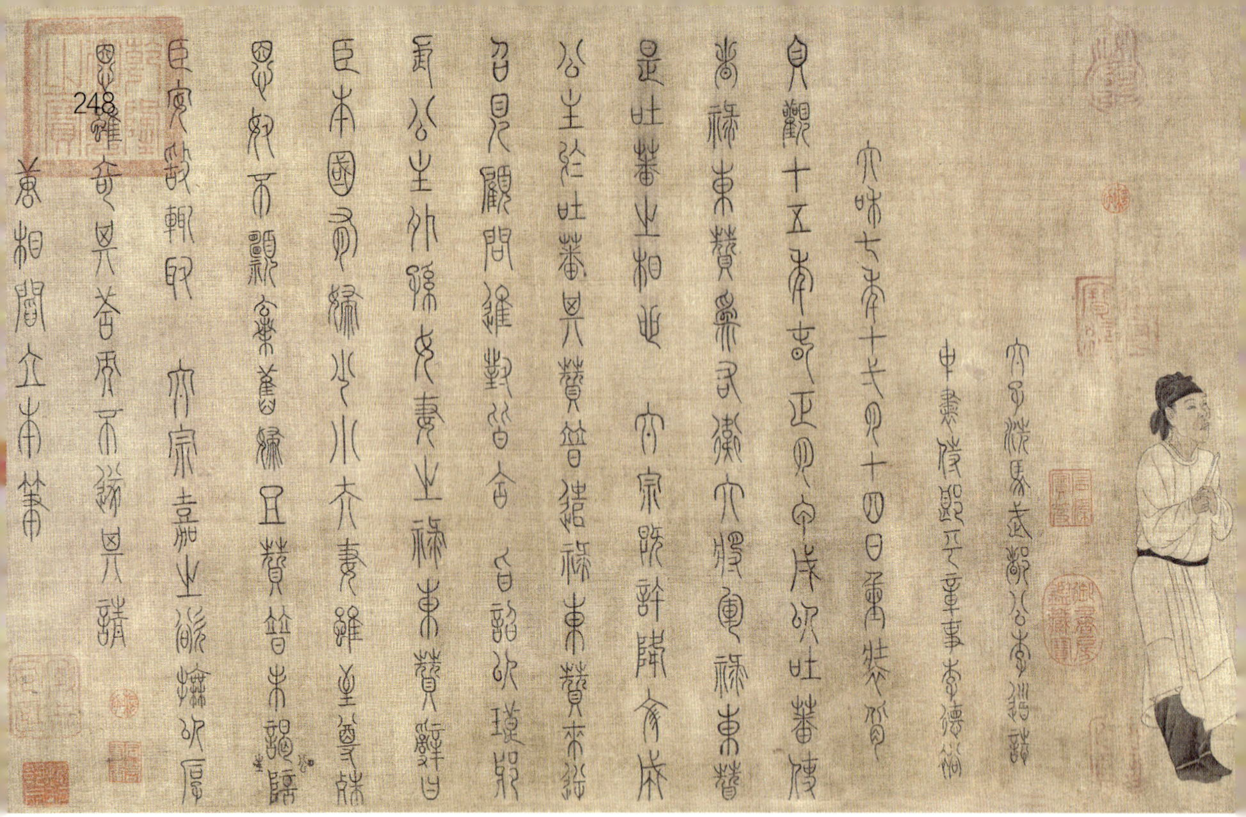

唐·阎立本　　步辇图（现藏于故宫博物院）

不懂就问：形容文章结构的词一般有哪些？

开门见山（首句标目）、曲笔入题、首尾呼应、总分得当、层层深入（递进）、过渡照应、伏笔铺垫、以景结情、以小见大、重章叠句、倒装等。

史海拾贝

唐朝的政治比较开明，尤其是唐太宗时期实行民族平等、民族团结的政策，极大地促进唐朝与少数民族的交流。

当时，吐蕃人生活在美丽的青藏高原，是藏族的祖先。在

7 世纪初，松赞干布统一各部，以拉萨为中心，建立了政权。后来，唐太宗把文成公主嫁给了松赞干布，两地的经济文化得到了很好的交流，汉藏之间的关系更加友好。

到了唐中宗时期，又把金城公主嫁到吐蕃，唐蕃“和同为一家”。公元 823 年，唐蕃正式结盟，在拉萨大昭寺门前立会盟碑。

回纥是维吾尔族的祖先，主要游牧在色楞格河一带。唐玄宗时期，封回纥首领骨力裴罗为怀仁可汗，双方关系友好。

瀚海[12]阑干[13]百丈冰，愁云惨淡[14]万里凝。
中军[15]置酒饮归客[16]，胡琴琵琶与羌笛[17]。
纷纷暮雪下辕门[18]，风掣[19]红旗冻不翻。
轮台[20]东门送君去，去时雪满天山[21]路。
山回路转[22]不见君，雪上空留马行处。

白雪歌送武判官①归京

北风卷地白草②折，胡天③八月即飞雪。

忽如一夜春风来，千树万树梨花④开。

散入珠帘湿罗幕⑤，狐裘不暖锦衾薄⑥。

将军角弓⑦不得控⑧，都护⑨铁衣⑩冷难着⑪。

文字注释

① 武判官：生平不详。判官，官名，是节度使、观察使一类官吏的僚属。

② 白草：一种牧草，干熟时会变白。

③ 胡天：这里指塞北一带的天空。

④ 梨花：春天开放，花呈白色。这里比喻雪花积在树枝上，就像梨花开了一样。

⑤ 散入珠帘湿罗幕：雪花飞进珠帘，沾湿罗幕。珠帘，用珍珠串缀成的帘子。形容帘子很华美。罗幕，丝绸制作的帐幕，形容帐幕很华美。

⑥ 狐裘不暖锦衾薄：就连狐皮的袍子、织锦被子都显得单薄了。形容天气特别寒冷。狐裘，狐皮的袍子。锦衾，织锦做的被子。

⑦ 角弓：一种以兽角作为装饰的硬弓。

⑧ 不得控：因为天气太寒冷，冻得拉不开弓。控，拉开（弓弦）。

⑨ 都护：唐朝镇守边疆的长官。

⑩ 铁衣：铠甲。

⑪ 着：穿。

⑫ 瀚海：指沙漠。

⑬ 阑干：纵横交错的样子。

⑭ 惨淡：暗淡。

⑮ 中军：指主将。

⑯ 饮归客：宴请归京的人。

⑰ 胡琴琵琶与羌笛：胡琴等都是当时西域地区的乐器。这句

是说在饮酒时奏起了乐曲。

⑱ 辕门：领兵将帅的营门。

⑲ 掣：拉，扯。

⑳ 轮台：地名。

㉑ 天山：一名祁连山，横亘新疆东西，长三千多千米。

㉒ 山回路转：山势回环，道路盘旋曲折。

白话译文

北风席卷大地，把西北的牧草都吹断了，八月，塞北的天空飘满了雪花。仿佛一夜之间春风吹来，雪花积压在树枝上面，就像开满了梨花一样。

雪花飞进珠帘，沾湿罗幕，狐皮袍子和丝绸的被子都显得很单薄。因为天气寒冷，将军的兽角弓冻得拉不开，镇守边镇的将士们的铠甲冷得难穿上。

大沙漠里到处都结着纵横交错的冰，昏暗无光的阴云凝结在长空。在主将的帐中摆酒为回京的人送行，饮酒时用琵琶、羌笛、胡琴等乐器奏起了乐曲。

营门外大雪纷飞，红旗因雪而冻结，风都吹不动了。在轮台东门外送你回京，临走的时候茫茫白雪布满山。道路盘旋曲折不见你的身影，雪地上只留下了马蹄的印迹。

创作背景

当时西北边疆一带，战事频繁，岑参怀着报效朝廷，在塞外建功立业的远大志向，两次前往塞外，前后在边疆军队中生活了5年。这5年，岑参对于边塞生活和百姓疾苦深有体会。公元754年的这次出塞，是岑参第二次前往塞外，去担任安西北庭节度使封常清的判官（节度使的僚属）。武判官即将回京复命，岑参在轮台送他回长安时写下了这首诗。

在这首诗中，岑参以诗人的敏锐观察力和浪漫奔放的笔调，生动描绘了壮丽的边塞风光和边塞军营送别的场面，表现了岑参和边防将士们强烈的爱国热情，彰显了边防军士之间的深厚情感。

趣味故事

在沙场建功立业、报效朝廷，是很多唐代文人的人生理想。即使是诗圣杜甫，也认同“男儿生世间，及壮当封侯”的观点，这也是唐代连接汉代的一种精神传承。汉唐之所以能够并称，绝不是偶然。

岑参就曾经放弃了长安安稳的生活，历尽艰辛，从军塞外。这一路的艰辛，在他的诗中均有体现，他那些脍炙人口的边塞诗，是为大唐盛世留下珍贵的速写。

不懂就问：古代是怎么称呼别人的？

（一）称字：小时候由父亲长辈命名，成年后取字，比如李白字太白。

（二）称号：一般只用于自称，以显示某种志趣或抒发某种情感，年龄不限，比如李白号青莲居士。

（三）称谥号：古代王侯将相、高级官吏、著名文士等死后被追加的称号，比如范仲淹谥号文正。

（四）称籍贯：以人的出生地命名，比如孟浩然称孟襄阳。

（五）称官名：以人的官名来命名，比如本文中的武判官。

（六）称官地：以人做官的地方来命名。比如岑参称岑嘉州。

（七）古代帝王对贵族功臣的封赐爵号（位）：公、侯、伯、子、男（五等）。

史海拾贝

唐朝时期，日本多次派遣唐使前来访问，跟着遣唐使来的还有僧人、留学生等，他们来学习大唐的制度和文化。

唐玄宗时期，高僧鉴真东渡日本，去了几次才成功。主要是去讲授佛学的理论，传播唐朝的文化，促进了日本佛学、医学、建筑等方面的发展。

同样，朝鲜当时也派遣使节和留学生来唐朝学习，商人们来经商。朝鲜还仿照唐朝建立政治制度，采用科举制选拔官吏，引入唐朝的医学技术、天文历法等。

刘长卿

长沙过贾谊①宅

三年谪宦②此栖迟③，万古惟留楚客④悲。
秋草独寻人去后，寒林空见日斜时。
汉文⑤有道恩犹薄，湘水无情吊⑥岂知？
寂寂江山摇落处，怜君何事到天涯！

文字注释

① 贾谊：西汉文帝时期的政论家、文学家，后来被贬为长沙王太傅，长沙有其故址。

② 谪宦：贬官。

③ 栖迟：待留，居留。

④ 楚客：这里指客居楚地的贾谊。

⑤ 汉文：指汉文帝。

⑥ 吊：凭吊。贾谊在长沙曾写《吊屈原赋》凭吊屈原。

白话译文

你被贬于此寂寞地住了三年，万古只留下你客居楚地的悲哀。踏着秋草独自去寻觅你的足迹，只有黯淡的斜阳映照着寒林。

为什么汉文帝独对你恩疏情薄，湘水无情怎么会知道后人的凭吊之意？江山已经冷落，草木已经凋零，可怜你究竟为什么会被贬此地呢！

作者档案

姓名	刘长卿，字文房	性格特点	人物印象
生卒时间	？—789	性格刚直，个性鲜明。	刘长卿是由盛唐向中唐过渡时期的一位杰出诗人，刚直的性格，给他仕途上带来了很大影响，使得他的仕途并不顺利。
籍贯	河间（今属河北）		
身份	唐代诗人		
文学地位	大历诗风的代表		
别称	五言长城、刘随州		
名言名句	柴门闻犬吠，风雪夜归人。		

创作背景

刘长卿因为刚直的性格，两次受到迁谪，第一次是在公元758年春天，由苏州长洲县尉被贬为潘州南巴县尉，第二次是在公元773年至777年间的一个深秋，因为被诬陷，由淮西鄂岳转运留后被贬为睦州司马。从这首诗的内容来看，大概写于第二次迁谪。

在一个深秋的傍晚，刘长卿独自来到长沙贾谊的故居。贾谊是汉文帝时著名的政论家，因为被朝中权贵中伤，出为长沙王太傅3年。后来虽然被召回京城，但不被重用，抑郁而死。同样的遭遇，令刘长卿伤今怀古，感慨万千，从而写下这首诗。

趣味故事

青壮年时期的刘长卿，大部分时间在贫困、窘迫的生活中度过，好不容易高中进士，安史之乱又阻碍了他的仕途，直到四十多岁，才算是正式进入官场。

可惜，他命运坎坷，两次被贬。生活在由盛世走向衰败时代的刘长卿，他创作的作品，以平淡简洁的风格代替了盛唐诗歌的奇伟壮丽。他长于五言，具有深厚功底和卓越成就，所以被称为“五言长城”。

不懂就问：古代的方位词有什么作用？

山北水南叫“阴”，山南水北叫“阳”。东为“左”，西为“右”。河代表黄河，江代表长江。五岳有泰山（东）、衡山（南）、华山（西）、恒山（北）、嵩山（中）。六合表示天（上）、地（下）、东、南、西、北六个方位。八荒表示东、东南、南、西南、西、西北、北、东北八个方向。

史海拾贝

唐朝的赋税制度，在唐德宗（大唐第九位皇帝，唐肃宗李亨的长孙、唐代宗李豫的长子）之前，实行的是租庸调制，主要是以征收谷物、布匹或者为朝廷服役为主，这个制度是在均田制的基础上推行的赋役制度。

租表示田租；庸表示要为朝廷服劳役，也可以纳绢来代役；调是户调，男丁随着乡土所产缴纳。这种制度使得百姓在有土地耕种的同时，也保证了充足的劳作时间，不会因为长期在外服役耽误耕种庄稼，进一步推动了农业的发展。

张继

枫桥①夜泊②

月落乌啼③霜满天④，
江枫⑤渔火⑥对愁眠⑦。
姑苏⑧城外寒山寺⑨，
夜半⑩钟声到客船。

文字注释

① 枫桥：在今江苏苏州。

② 夜泊：夜晚把船停靠在岸边。

③ 乌啼：乌鸦啼鸣。

④ 霜满天：形容天气特别寒冷。

⑤ 江枫：一般解释为“江边的枫树”。

⑥ 渔火：渔船上的灯火。

⑦ 对愁眠：忧愁难眠。

⑧ 姑苏：苏州的别称，因苏州有姑苏山而得名。

⑨ 寒山寺：枫桥附近的一座寺庙，相传因唐代僧人寒山曾住于此。

⑩ 夜半：半夜。

白话译文

月亮已落下，乌鸦在啼叫，霜落后天气更加寒冷，对着江边的枫树和渔船上的灯火我忧愁难眠。姑苏城外那寂寞清静的寒山古寺，半夜里敲钟的声音传到了客船。

作者档案

<table>
<tr><th>姓名</th><th>张继，字懿孙</th><th>性格特点</th><th>人物印象</th></tr>
<tr><td>生卒时间</td><td>不详</td><td rowspan="6">学识渊博，清廉正直。</td><td rowspan="6">虽然张继流传下的作品很少，但仅凭《枫桥夜泊》一首，已经使他名垂千古，而“寒山寺”也因为他的这首诗，成为远近驰名的游览胜地。</td></tr>
<tr><td>籍贯</td><td>襄州（今湖北襄阳）</td></tr>
<tr><td>身份</td><td>唐代诗人</td></tr>
<tr><td>文学地位</td><td>无</td></tr>
<tr><td>别称</td><td>无</td></tr>
<tr><td>名言名句</td><td>姑苏城外寒山寺，夜半钟声到客船。</td></tr>
</table>

创作背景

唐朝爆发安史之乱后，唐玄宗仓皇逃去了四川，当时江南的政局相对比较稳定，很多文人墨客都逃到江苏和浙江一带避乱，其中就包括诗人张继。一个秋天的夜晚，张继乘船去苏州城外的枫桥，被幽美的景色所吸引，勾起了他的无限羁旅之愁，感受到了一种意蕴悠长的诗意美，写下了这首诗。

这首诗细腻地描写了张继作为一个旅客，对江南深秋夜景的真实感受，生动勾画了月落乌啼、霜天寒夜、江枫渔火、孤舟客子等景象，将自己的羁旅之思、家国之忧和身处乱世无家可归的无力感充分表现出来，属于写愁诗的代表作。

趣味故事

在唐代众多诗人之中，张继不算是很厉害的诗人，也不是很出名的诗人，如果不是这首《枫桥夜泊》流传下来，张继可能不会被人知晓，正因为这首诗成为唐诗的名篇之一，才让张继名垂千古。

不懂就问：古代重要城市的别称都有哪些？

北京：大都、蓟、幽州、幽都、宛平、燕山、中都、大兴、汗八里、北平、京师、燕京、燕都、日下。

西安：长安、大兴、京兆、奉元、西京。

洛阳：雒阳、洛邑、洛州、京洛、东洛、三川。

苏州：姑苏、平江。

成都：锦官城、蓉城、天府之国。

南京：金陵、建业、建康、江宁、白下、石头城。

扬州：维扬、江都、广陵。

开封：大梁、汴梁、东京。

镇江：京口、润州。

杭州：临安、武林、钱塘。

史海拾贝

安史之乱后，朝廷负担逐年增加。唐德宗年间，朝廷改用杨炎的两税法（分夏、秋两季征收）。

两税法是以原有的地税和户税为主，统一各项税收而制定的新税法。租庸调制和一切的苛捐杂税全部取消，但是丁额不废。

两税法是唐中期对当时赋役制度较全面的改革，主要根据人的财产多少来收税，这样不仅拓宽了收税的广度，而且还增加了朝廷的财政收入,进一步简化了收税的种类和手续，相对而言比较公平合理，在一定程度上减轻了贫苦大众的税收负担。

韩翃

寒食①

春城②无处不飞花③，
寒食东风御柳④斜。
日暮汉宫⑤传蜡烛⑥，
轻烟散入五侯⑦家。

文字注释

① 寒食：寒食节，通常在冬至后的第105天，过去在节日期间不能生火做饭。

② 春城：指春天的京城。

③ 飞花：指柳絮。

④ 御柳：皇城里的柳树。

⑤ 汉宫：这里用汉代皇宫来借指唐代皇宫。

⑥ 传蜡烛：指宫中传赐新火。

⑦ 五侯：这里泛指权贵豪门。

白话译文

暮春时节的长安城，处处柳絮飞舞、落花无数，寒食节的东风吹拂着皇城中的柳树。夜色降临，宫里忙着传蜡烛，点蜡烛的轻烟散入了权贵豪门的家里。

作者档案

<table>
<tr><th>姓名</th><th>韩翃，字君平</th><th>性格特点</th><th>人物印象</th></tr>
<tr><td>生卒时间</td><td>不详</td><td rowspan="6">性格独立，不被世俗束缚。</td><td rowspan="6">韩翃擅长写送别体裁的诗歌，他的诗笔法轻巧，写景别致，在当时传诵很广。因为一首《寒食》而被唐德宗赏识。</td></tr>
<tr><td>籍贯</td><td>南阳（今属河南）</td></tr>
<tr><td>身份</td><td>唐代诗人</td></tr>
<tr><td>文学地位</td><td>无</td></tr>
<tr><td>别称</td><td>大历十才子</td></tr>
<tr><td>名言名句</td><td>日暮汉宫传蜡烛，轻烟散入五侯家。</td></tr>
</table>

创作背景

寒食节是中国古代一个传统节日，一般在冬至后一百零五天，清明前一、二天。古代的人很重视这个节日，按照当时的风俗习惯，家家禁火，只吃那些现成的食物。到了唐朝，皇帝会在清明那天，宣旨取榆柳之火赏赐近臣，表示皇恩浩荡。

皇帝这样做有两个用意，第一，说明寒食节已经结束，大家可以用火了。第二，借此给大臣们提个醒，多向有功也不受禄的介子推学习，勤政为民。

也有人认为，自从中唐以后，几任昏君都宠信宦官，导致他们的权势很大，败坏朝政，排斥朝官，正直人士对此都极为愤慨。此诗正是因此有感而发。

趣味故事

韩翃晚年的时候，有的年轻人对他不了解，看不起他写的诗。只有一个职务不高的韦巡官，和韩翃关系很好。

一天半夜，韦巡官对韩翃说："恭喜你升任中信舍人了，让你主持制诰。"韩翃很吃惊："不可能有这种事，一定是弄错了。"韦巡官坐下后说："皇帝身边缺少起草公文的人，中书省两次提名，皇帝都没批。然后继续请示，德宗批示：用韩翃。"

当时还有一个与韩翃同名同姓的人。皇帝批示说："'春城无处不飞花，寒食东风御柳斜。日暮汉宫传蜡烛，轻烟散入五侯家。'就用写这首诗的韩翃。"韦巡官又说："这不是你写的诗吗？"韩翃说是，他这才知道没有弄错。

不懂就问：古代的传统节日有哪些？

上元：即元宵，正月十五。

寒食：清明前一、二天。

重阳：九月初九。

端午：五月初五，是为了纪念屈原。

中秋：八月十五。

史海拾贝

唐朝实行夜禁（宵禁）制度。以首都长安为例，全城被横竖三十多条街道分割成一百多个坊，每个坊被墙包围着，每个坊都有专人巡查。

每天的日落时分，街上的鼓声就开始响起来，之后城门和坊门就会关闭。除了每年上元节的三天之外，一般情况下，日落之后老百姓在街上走来走去是不合法的。冬天晚上的五更三点，夏天晚上的五更两点，第一声提示天亮的鼓就被敲响，街上的鼓楼就会依次跟进。

那些三品以上的大官家，经朝廷特许，可以对着大街开门，平常人的家门只能向着坊内开门。长安城的大街上是没有商店的，主要的商业活动集中在东市和西市。东、西两市有专门的机构管理，每天中午，两市分别击鼓三百下，表示可以开业了，日落之前，再敲三百下，表示该歇业了。

张志和

渔歌子①

西塞山前白鹭②飞，
桃花流水③鳜鱼④肥。
青箬笠⑤，绿蓑衣⑥，
斜风细雨不须归。

文字注释

① 渔歌子：原是曲调名，后来人们根据它填词，又成为词牌名。

② 白鹭：一种白色的水鸟。

③ 桃花流水：桃花盛开的季节正是春水盛涨的时候，俗称桃花汛或桃花水。

④ 鳜鱼：一种淡水鱼，味道鲜美。

⑤ 箬笠：用竹篾、箬叶编的斗笠。

⑥ 蓑衣：用草或棕麻编织的雨衣。

白话译文

西塞山前白鹭在自由地飞翔，江岸桃花盛开，春水盛涨，水中鳜鱼正是肥美的时候。渔翁头戴青色的斗笠，身披绿色的雨衣，在斜风细雨中垂钓，不愿回家。

作者档案

姓名	张志和，字子同，初名龟龄	性格特点	人物印象
生卒时间	732—774	性格寡淡，悠然脱俗。	张志和的五首《渔父》词，描写季节景物，鲜明生动，境高韵远，很有艺术魅力，因此被广为传诵，对后世的词人影响很大。
籍贯	婺州金华（今属浙江）		
身份	唐代诗人		
文学地位	唐代最早填词并有较大影响的词人之一		
别称	玄真子、烟波钓叟		
名言名句	青箬笠，绿蓑衣，斜风细雨不须归。		

创作背景

唐代宗大历七年（772）九月，大书法家颜真卿在湖州任刺史。张志和乘船前往拜访，当时是暮春时节，桃花水猛涨，鳜鱼肥美，两人即兴唱和，张志和首唱，写了五首词，这首词就是其中之一。

在秀丽的水乡风光和理想化的渔人生活中，寄托了张志和向往自由、热爱自然的情怀。雨中的青山，江上的渔舟，天空的白鹭，两岸的红桃，色泽鲜明但又显得柔和，气氛宁静但又充满活力。这些都体现了诗人的艺术匠心、艺术魅力，也反映了他高远、悠然脱俗的意趣情怀。

趣味故事

张志和原名叫张龟龄，从小就聪明过人，三岁可以读书，六岁就能写文章了，而且他的记忆力很好。唐玄宗对他很是赞赏，长大后又得到太子李亨的看重，赐名“志和”。安禄山反唐之后，张志和辅佐李亨平定安史之乱。张志和辞官后，唐肃宗赐他一奴一婢，张志和给他们分别取名渔童、樵青，开始游历生活。隐居之后，自称烟波钓叟。

不懂就问：古代表示年龄的称谓是哪些?

垂髫：三四岁到八九岁。总角：八九岁到十三四岁。豆蔻：十三四岁到十五六岁。弱冠：二十岁。而立：三十岁。不惑：四十岁。天命：五十岁。花甲：六十岁。古稀：七十岁。耄耋：

八九十岁。期颐：一百岁。

史海拾贝

唐朝也有驿站，驿站是官方机构，采用军事化管理体系，驿站的最高直属管理机关为六部之一的兵部。驿站的作用一般有以下几种：

第一，通讯功能，例如公文传递、烽驿传递、官报流通等。烽驿传递就是边疆发生战事，要在驿站点燃烽火，接着下一个驿站也会点燃烽火，短时间内朝廷就能知道战事发生，可以商量对策，如此一来，不会耽误了战机。

第二，交通功能，为长距离的出行的官员提供暂时休息的中转站，一方面可以为国家减少官员的路程开支，另一方面官员也可以检查驿站的设置情况，必要的时候，驿站还可以作为途经官员的办公场所。

第三，保障功能，驿站可以给特殊官员赴任提供帮助。有些官员是要在保证其安全的情况下最快速将其送至工作岗位，例如平定叛乱的武将等。

第四，保护功能，驿站的保护系统很完善，保护力度很大，能够保护朝廷运输部门和各个少数民族商队的安全。

第五，人口检查的功能，有些驿站通过的时候需要出示公文才行，以此来保证国家的安全。

韦应物

滁州①西涧

独怜②幽草③涧边生，
上有黄鹂深树④鸣。
春潮⑤带雨晚来急，
野渡⑥无人舟自横⑦。

文字注释

① 滁州：在今安徽滁州。

② 独怜：唯独喜欢。

③ 幽草：幽谷里的小草。

④ 深树：树荫深处。

⑤ 春潮：春天的潮汐。

⑥ 野渡：郊野的渡口。

⑦ 横：指随意漂浮。

白话译文

我喜爱生长在涧边幽谷里的小草，黄莺在树荫深处啼鸣。春潮夹带着暮雨奔流而来，郊野的渡口没有人，只有一只小船在水面上漂浮。

作者档案

<table>
<tr><th>姓名</th><th>韦应物，字义博</th><th>性格特点</th><th>人物印象</th></tr>
<tr><td>生卒时间</td><td>约 737—791</td><td rowspan="7">性格高洁，好相处。</td><td rowspan="7">韦应物的诗歌风格自成一派，古朴、自然。与柳宗元齐名，并称“韦柳”，是王维、孟浩然之后唐代最杰出的山水隐逸诗人，也是中唐艺术成就较高的诗人。</td></tr>
<tr><td>籍贯</td><td>京兆万年（今陕西西安）</td></tr>
<tr><td>身份</td><td>唐代诗人</td></tr>
<tr><td>文学地位</td><td>与柳宗元并称“韦柳”</td></tr>
<tr><td>别称</td><td>韦苏州、韦左司、韦江州</td></tr>
<tr><td>名言名句</td><td>春潮带雨晚来急，野渡无人舟自横。</td></tr>
</table>

创作背景

韦应物任滁州刺史期间，经常一个人去郊外散步，滁州西涧便是他常光顾的地方。韦应物非常喜欢这里清幽的景色。有一天，他游览到滁州西涧野渡的时候看到了晚潮带雨、水急舟横等景色，便写下了这首诗。

这首诗蕴含了一种不在其位、不被重用的无奈和忧虑，充满了淡淡的悲伤。韦应物在诗中写了自己喜欢的和不喜欢的景物，谈了自己合意的和不合意的事情，流露出了恬淡的胸襟，也表达了对生活的热爱。

趣味故事

有这样一位诗人，仗着出身世家，横行霸道，可是20年后，他却洗心革面，从飞扬跋扈的荒唐少年，成长为淡泊宁静的大诗人，被誉为盛唐的最后一位大诗人，这个人就是韦应物。

韦氏家族本来是名门望族，韦应物早年就已经是唐玄宗的近侍。安史之乱爆发之后，韦氏家族逐渐没落，韦应物决定痛改前非，努力读书。安史之乱结束后，韦应物在地方当官，勤政爱民，是个难得的清官，后半生写了很多诗文，属于山水田园诗派的代表诗人。

不懂就问：不同朋友关系之间的称谓有哪些区别?

1. 贫贱之交：在地位低下时结交的朋友。

2. 金兰之交：情比金坚、亲如兄弟的朋友。

3. 刎颈之交：同生死共患难的朋友。

4. 忘年之交：年龄差别大、行辈不同而交情深厚的朋友。

5. 竹马之交：童年时代就要好的朋友。

6. 布衣之交：以平民身份相交往的朋友。

7. 患难之交：在遇到困难时，共过患难的朋友。

史海拾贝

唐朝实行群相制，就是中书省、尚书省、门下省里面不止一位高级长官，这些人可以通过“同中书门下三品”等官衔任命，相当于宰相。不过，唐朝的宰相要比清朝军机大臣的权力大很多，性质不同。

按照当时的律法规定，三品以下的官员每个月逢一、五日要进宫朝见皇帝，这个规定叫朝参，三品以上的大官每个月逢一、五、九日也要朝参。

唐朝一般人当面称呼皇帝比较流行的称呼有圣人、主上、大家（皇帝身边人用）等，陛下这种称呼也可以使用。“皇上”一词在唐朝似乎是书面用语。

卢纶

塞下曲①

月黑②雁飞高，
单于③夜遁④逃。
欲将⑤轻骑⑥逐⑦，
大雪满弓刀。

文字注释

① 塞下曲：古代歌曲名，这类作品多是描写边境风光和战争生活的。

② 月黑：没有月光。

③ 单于：匈奴的首领。这里泛指侵扰唐朝的游牧民族首领。

④ 遁：逃走。

⑤ 将：率领。

⑥ 轻骑：轻装快速的骑兵。

⑦ 逐：追赶。

白话译文

没有月光的夜里，一群大雁惊叫着高飞而起，原来是敌军首领趁着夜色悄悄地逃跑。正想要率领轻装快速的骑兵追击，纷纷扬扬一场大雪，已经落满了将士们的弓和刀。

作者档案

<table>
<tr><th>姓名</th><th>卢纶，字允言</th><th>性格特点</th><th>人物印象</th></tr>
<tr><td>生卒时间</td><td>约 742—约 799</td><td rowspan="7">交友广泛，本人多病。</td><td rowspan="7">诗人卢纶一生不得意，因为权贵的推荐，当了很短时间的官。他的有些诗篇反映了战乱后人民生活的贫困和社会经济的萧条，他在从军生活中所写的诗，比如《塞下曲》，风格雄浑，情调慷慨，历来为人传诵。</td></tr>
<tr><td>籍贯</td><td>河中蒲（今山西永济西南）</td></tr>
<tr><td>身份</td><td>唐代诗人</td></tr>
<tr><td>文学地位</td><td>“大历十才子”之一</td></tr>
<tr><td>别称</td><td>卢户部</td></tr>
<tr><td>名言名句</td><td>行多有病住无粮，万里还乡未到乡。</td></tr>
</table>

创作背景

早年的卢纶，参加过几次科举考试都没考上，得到别人的推荐，才谋得官职。后来担任元帅府的判官，开始边塞生活。在军营之中，卢纶多次见到了雄浑肃穆的边塞景象，接触到了粗犷豪迈的将士，写了很多边塞诗。

这首诗虽然是中唐时期的作品，但是字里行间呈现出了盛唐的气象。卢纶善于抓住很有代表意义的形象，他不写那些将士们是怎么出击的，也不告诉我们追上了敌人没有，而是描绘一个准备追击的场面，气氛和情绪就被很好地烘托出来了，给人留下了无限的想象空间，更有意趣和魅力。

趣味故事

小时候的卢纶，家庭条件不好，他本人体弱多病，生活艰难，只能投靠舅舅。过了几年，卢纶参加科举考试，一直都不顺利，因为诗写得好，交游广泛步入仕途。卢纶是“大历十才子”中才华最高的，他写的诗得到唐德宗的重视，被提拔为户部郎中。正当卢纶要在官场上青云直上的时候，他的生命却结束了。

不懂就问：古代的纪时法是怎么区分的？

日出：5 点到 7 点。食时：7 点到 9 点。隅中：9 点到 11 点。

日中：11 点到 13 点。日昃：13 点到 15 点。晡时：15 点到 17 点。

日入：17 点到 19 点。黄昏：19 点到 21 点。人定：21 点到 23 点。

夜半：23 点到 1 点。鸡鸣：1 点到 3 点。平旦：3 点到 5 点。

史海拾贝

从唐太宗贞观年间开始，官员们进宫朝见皇帝之后，要在宫殿飞檐下、廊庑上坐地吃午饭，叫作“廊下食”，这些食物由光禄寺准备。

如果遇到特殊日子上朝，比如寒食节，会给官员们甜米粥，正月初七（人日）和三月初三赐煎饼给官员，正月十五、三十赐糜糕，端午赐粽子，七月初七赐斫饼，重阳节赐糕，十月初一加黄米羹等。宰相的饭食在朝廷的政事堂吃，叫“堂厨”，别的官员的饭食在“公厨”里吃。

李益

夜上受降城①闻笛

回乐烽②前沙似雪，
受降城外月如霜。
不知何处吹芦管③，
一夜征人④尽望乡。

文字注释

① 受降城：指西受降城，故址在今内蒙古杭锦后旗乌加河北岸。一说指唐代灵州的受降城，故址在今宁夏灵武西南。

② 回乐烽：烽火台名，在西受降城附近。一说，当做“回乐峰”，山峰名，在回乐县（今宁夏灵武西南）。

③ 芦管：芦笛。

④ 征人：指出征或戍边的军人。

白话译文

回乐烽前的沙地白得像雪，受降城外的月色犹如秋霜。不知哪里吹起了凄凉的芦笛，一夜间戍边的将士全都在眺望故乡。

作者档案

姓名	李益，字君虞	性格特点	人物印象
生卒时间	748—约 829	才情卓绝，性格软弱。	从事十八载，五次在兵间。他的边塞诗，慷慨悲凉，又带有些许伤感情绪，真切感人。
籍贯	陇西姑臧（今甘肃武威		
身份	唐代诗人		
文学地位	无		
别称	无		
名言名句	当今圣天子，不战四夷平。		

创作背景

边塞月夜，风景独特，烽火台下是一片无垠的沙漠，在月光的映照下如同积雪的荒原。此时李益的心境愁惨凄凉，感受到了置身边塞绝域的孤独，从而生发出思乡情愫。

在万籁俱寂中，夜风送来呜呜咽咽的芦笛声，是哪座烽火台上的士兵在借芦笛声倾诉那无尽的边愁？那幽怨的笛声又触动了多少士兵的思乡愁？李益把诗中的景色、声音、感情三者融合为一个完整的整体，生动描绘了戍边将士浓烈的乡思和满心的哀愁之情。

趣味故事

李益诗风豪放明快，尤以边塞诗最为有名。他是中唐边塞诗的代表诗人。其边塞诗虽不乏壮词，但偏于感伤，主要抒写边地士卒久戍思归的心情，不复有盛唐边塞诗的豪迈乐观情调。

不懂就问：敬辞都有哪些？

1. 对帝王：万岁、圣上、天子、圣驾、陛下、大王。

2. 对别人或别人亲属的敬称用令、尊、贤。比如令尊（对方父亲）、令堂（对方母亲）、令兄（对方哥哥）、令郎（对方儿子）、令爱（对方女儿）；尊亲（对方的亲戚）、尊命（对方的吩咐）。

3. 贤：称平辈或晚辈。比如贤弟、贤侄。

4. 仁：用于称对方。比如称同辈友人中长于自己的人为仁兄，地位高的人为仁公。

5. 丈：古时对老年男子的尊称。唐以后称岳父为丈人，又称泰山，岳母为丈母，又称泰水。

6. 称谓前加“先”表已去世，用于敬称地位高的人或年长的人。称死去的父亲为先考、先父，称死去的母亲为先妣、先慈，称已死的有才德的人为先贤。

7. 君对臣的敬称：卿、爱卿。

唐·赵福　　羊图（现藏于日本东京国立博物馆）

8. 对品格高尚、智慧超群的人用“圣”表敬称，如孔子叫圣人，孟子叫亚圣，杜甫叫诗圣。后来圣多用于帝王，比如圣驾。

史海拾贝

唐朝饭馆里，没有现在点菜用的纸质菜单，顶多会在柜子上面挂个牌子，上面写清楚今天的食物都有什么。

唐朝人爱吃羊肉，根据《唐六典》记载，亲王以下的二品大官，朝廷每个月供给二十头羊、六十斤猪肉；三品官每个月朝廷供给十二头羊，四品、五品官每个月供给九头羊。

孟郊

游子①吟②

慈母手中线，游子身上衣。

临③行密密缝，意恐④迟迟归⑤。

谁言⑥寸草⑦心⑧，报得⑨三春晖⑩。

文字注释

①游子：远离家乡的人。

②吟：古代诗歌体裁的一种。

③临：将要。

④恐：担心。

⑤归：回来，回家。

⑥言：说。

⑦寸草：小草。这里比喻子女。

⑧心：语义双关，既指草木的茎干，也指子女的心意。

⑨报得：报答。

⑩三春晖：春天灿烂的阳光，指慈母之恩。

白话译文

慈祥的母亲用手中的针线，为远行的儿子赶制身上的衣衫。临行前一针针密密地缝补，怕儿子回来得晚衣服破损。谁说像小草那样微弱的孝心，能够报答得了像春晖般普泽的慈母恩情呢？

作者档案

姓名	孟郊，字东野	性格特点	人物印象
生卒时间	751—814	关心百姓疾苦，胸有大志，向往君子。	孟郊的诗多写世态炎凉，民间苦难。他的诗超出了大历、贞元时代那些狭窄的题材范围，宣扬仁义道德，歌颂尧舜古风，处处显示出了一个君子的姿态。
籍贯	湖州武康（今浙江德清）		
身份	唐代诗人		
文学地位	与贾岛并称“郊寒岛瘦”		
别称	诗囚		
名言名句	谁言寸草心，报得三春晖。		

创作背景

早年的孟郊，漂泊不定，无依无靠，贫困潦倒，饱尝世态炎凉。他直到五十岁时才得到一个卑微的官职，结束了长期漂泊不定的生活。

对漂泊不定的游子来说，最痛苦的莫过于母子分离。孟郊被母亲给他缝衣服的普通场景深深感动，写了这首感人至深的颂母之诗。这首诗表达了孟郊内心深沉的情感，寄托了对慈母发自肺腑的感激之情。

趣味故事

有一年的冬天，朝廷派钦差大臣来县里了解民情，为了给钦差大臣接风，县太爷大摆宴席，大家正在兴头上，身穿破烂衣服的孟郊走了进来。

县太爷眼睛一瞪，说道："去去去，哪里来的小叫花子。"

孟郊回道："家贫人不平，离地三尺有神灵。"

钦差大臣觉得孟郊口气很大，就想出对联考考他，于是说："小小青蛙穿绿衣。"

孟郊回答："大大螃蟹着红袍。"这明显骂身着红衣的钦差大臣是螃蟹。

钦差听了之后，特别生气，但是又不好发作。县官给孟郊一个位置。

接着，他又接着说道："小小猫儿寻食吃。"孟郊看了看像馋狗啃骨头似的钦差大臣，又看了看拍马屁的县太爷，回道："大大老鼠偷皇粮。"钦差大臣、县太爷吓得目瞪口呆，出了一身冷汗，原来他们吃的正是朝廷的救灾粮。

不懂就问：谦辞都有哪些？

1. 自称：愚、敝、卑、臣、仆。

2. 帝王自称：孤、寡、朕。

3. 古代官吏自称：下官、末官、小吏、末将、微臣。

4. 读书人自称：小生、晚生、晚学、不才、不肖。

5. 古人称自己一方的亲属朋友：家或舍，如家父、家母、

唐·吴道子　　送子天王图（局部）（现藏于日本大阪市立美术馆）

家兄、舍弟、舍妹、舍侄。

6. 尊长者自称：在上。

7. 晚辈自称：在下。

8. 老人自称：老朽、老夫。

9. 女子自谦：妾。

史海拾贝

唐朝的茶文化比较流行，在中原地区，西汉之前，茶被当成一味中药。在初唐时，乳制品的普及程度比茶类饮料更广。

到了唐玄宗时期，喝茶开始大范围流行，但是当时人们喝茶有很多讲究，会在茶里加葱、姜、大枣、桂皮等，煮成一锅粥才喝。茶圣陆羽不喜欢这种吃法，他比较推崇加盐、三沸、比赛浮沫冲注形状为代表的唐式煎茶法。

唐朝的酒甜而不辣，人们喜欢喝烧酒，用小火把酒加热到六七十度。

王建

十五夜①望月

中庭②地白③树栖鸦，
冷露④无声湿桂花。
今夜月明人尽⑤望，
不知秋思落⑥谁家。

文字注释

① 十五夜：指农历八月十五中秋节的夜晚。
② 中庭：即庭中，庭院中。
③ 地白：月光照在庭院地上的样子。
④ 冷露：秋天的露水。
⑤ 尽：都。
⑥ 落：在，到。

白话译文

月光照在庭院中，地面雪白，树上栖息着鸦雀。夜深了，清冷的秋露无声无息地打湿了庭中的桂花。今天晚上人们都在仰望天空中的明月，不知那茫茫的秋思之情落在谁家？

作者档案

<table>
<tr><td>姓名</td><td>王建，字仲初</td><td>性格特点</td><td>人物印象</td></tr>
<tr><td>生卒时间</td><td>约 767—约 830</td><td rowspan="7">忧国忧民，爱憎分明，同情百姓疾苦。</td><td rowspan="7">王建经历过安史之乱的混乱，历尽沧桑，把底层百姓的艰辛展示在诗里，留给后人。</td></tr>
<tr><td>籍贯</td><td>许州（今河南许昌）</td></tr>
<tr><td>身份</td><td>唐代诗人</td></tr>
<tr><td>文学地位</td><td>与张籍齐名，世称“张王”</td></tr>
<tr><td>别称</td><td>王司马</td></tr>
<tr><td>名言名句</td><td>我愿此水作平田，长使水夫不怨天。</td></tr>
</table>

创作背景

王建是在大唐每况愈下的时代中度过的，他是进士，本来可以在京城谋个一官半职，但是京城竞争太激烈，只得选择远赴幽州，作为藩镇的低级幕僚。在这片刚刚经历战火的大地上，王建看到底层民众的穷苦生活，十分痛心。一年中秋节，王建与朋友一起过中秋，写下了这首诗。

趣味故事

唐朝中后期，帝王们宠信宦官，导致宦官手握大权，干涉朝政。王建虽然出身低微，但却和大宦官王守澄交情非常好，经常在一起喝酒吃肉。

唐·李思训　宫苑图（现藏于故宫博物院）

人们非常羡慕王建有王守澄这个靠山。可是大家左等右等，都没见王建发达，一直都是个小官。原来，王建不愿意通过王守澄升官，两人只是单纯的朋友往来而已。

不懂就问：什么是宫词？

诗人王建写了很多宫词，在传统的宫怨题材之外，还描绘了很多宫中风物。所谓的宫词，就是专门描写后妃、宫女生活的诗词，算是古代诗歌的一种特殊命题。

史海拾贝

唐朝建立以来，到唐玄宗统治前期，大唐是一个开放宽容的朝代，曾经把死囚放回家过年；在民族关系上不像汉代一样，对边关的游牧民族穷追猛打；舆论比较开放，大臣和老百姓都可以发表自己的观点；外国的使臣们云集首都长安，学习唐朝的文化制度。

此外，唐朝的女性地位得到提高，思想上不再禁锢，男女拥有自由恋爱的权利，可以自由结婚和离婚。

韩愈

早春呈①水部张十八员外

天街②小雨润如酥③，
草色遥看近却无。
最是④一年春好处⑤，
绝胜烟柳满皇都⑥。

文字注释

① 呈：恭敬地送上。

② 天街：京城的街道。

③ 润如酥：形容春雨滋润细腻。酥，酥油。

④ 最是：正是。

⑤ 处：时。

⑥ 皇都：帝都。这里指长安。

白话译文

京城街道上细密的春雨润滑如酥，远望草色依稀连成一片，近看时却显得稀疏零星。一年之中最美的就是这早春景色，远胜过绿柳满城的春末。

作者档案

<table>
<tr><th>姓名</th><td>韩愈，字退之</td><th>性格特点</th><th>人物印象</th></tr>
<tr><th>生卒时间</th><td>768—824</td><td rowspan="7">刚正不阿，敢于直谏，高风亮节，有勇有谋，不畏权贵。</td><td rowspan="7">韩愈幼年父母双亡，成年后参加四次科考不中，当官后屡受贬谪。在这样的人生中，韩愈没有沉沦，而是刻苦学习，依然保持真我，过得真实，活得坦率，成为了名垂千古的大文豪。</td></tr>
<tr><th>籍贯</th><td>河阳（今河南孟州）</td></tr>
<tr><th>身份</th><td>唐代文学家、思想家、教育家</td></tr>
<tr><th>文学地位</th><td>文章巨公、百代文宗、唐宋八大家之一</td></tr>
<tr><th>别称</th><td>韩昌黎、昌黎先生、韩文公</td></tr>
<tr><th>名言名句</th><td>大丈夫之遇知于天子，用力于当世者之所为也。</td></tr>
</table>

创作背景

韩愈升为吏部侍郎后，人逢喜事精神爽，刚好又是春天，于是兴致勃勃写下了这首诗,想邀请好朋友张籍一起出去春游。

张籍、韩愈、白居易是多年的好朋友，但韩愈和白居易两人是欢喜冤家，动不动就吵架斗嘴，曾经就因为春游这事吵过好几次架，搞得张籍左右为难。

韩愈被拒绝后，还不死心，又写了一首《早春呈水部张十八员外》（其二），继续发出邀请。

趣味故事

春夜喜雨做官时，曾在街上碰到一个僧人。这僧人面貌凶恶，长着两根大长牙，长到翻出嘴巴外面。

韩愈心想这人肯定不是好人，等我回去就找人把你的这两颗大长牙拔掉。

等到他回到衙里，看门的人便拿来一个红包，说这是一个僧人送来的。韩愈打开一看，包里正是刚刚碰见的那僧人的两颗大长牙。韩愈很奇怪，就派人找到了那个僧人，双方经过一番友好交谈之后，才知道僧人是很有名的得道高僧大颠，学识渊博。

韩愈为自己以貌取人感到羞愧，向大颠僧人道歉，两人从此成了好朋友。后人为纪念他们的友谊，就在城里修了座“叩齿庵”。

不懂就问：“唐宋八大家”都有谁?

“唐宋八大家”，又叫“唐宋散文八大家”，是唐代和宋代八位散文家的合称，他们分别是唐代的柳宗元、韩愈和宋代的欧阳修、苏洵、苏轼、苏辙、王安石、曾巩。其中韩愈、柳宗元是唐代古文运动的领袖，欧阳修和苏轼、苏辙、苏洵是宋代古文运动的核心人物，王安石、曾巩是临川文学的代表人物。这八人先后掀起的古文革新的浪潮，使得诗文发展的陈旧面貌焕然一新。

史海拾贝

安史之乱后，唐朝元气大伤，朝廷权力被大大削弱，地方节度使权力越来越大。均田制已经没法实施了，战乱之后人口锐减，那些大地主和大官僚通过各种卑劣的手段，让拥有土地的农民变卖土地，越来越多的农民丧失土地，甚至根本没有土地，大量土地荒芜，地主、商人、高利贷者在剥削体系中互相转化。

唐代宗李豫在位期间，对盐价和粮价进行改革，致力于安定大唐，发展生产，进一步改善朝廷的财政状况。但在安史之乱中，唐代宗为了一时的安定，措施失当，让那些安史之乱的降将摇身一变，又成了朝廷任命的节度使，加上中央政权被削弱，进一步导致了藩镇割据的形成。

晚春

草树知春不久归①，
百般红紫斗芳菲。
杨花②榆荚③无才思④，
惟解⑤漫天作雪飞。

文字注释

① 不久归：将结束。

② 杨花：指柳絮。

③ 榆荚：榆钱，榆树的果实。

④ 才思：才气、才情。

⑤ 解：懂得，知道。

白话译文

花草树木知道春天不久后就要离去，纷纷争奇斗艳，霎时万紫千红，繁花似锦。可怜杨花榆夹不像别的花那样“百般红紫”，如同人之“无才思”，只知道随风起舞，化作漫天飞雪。

创作背景

公元 815 年，韩愈晋升为中书舍人。一些不喜欢韩愈的人就在朝堂中散布谣言，说他在江陵时，荆南节度使裴均很欣赏他，但裴均的儿子裴锷是个平庸浅陋之人，裴锷去看望父亲，韩愈在为他送行的文章序中，仍称呼裴锷的字，这代表韩愈很不尊重裴锷。

这个消息在朝堂之中闹得沸沸扬扬，大家都说韩愈是个白眼狼，不知道知恩图报，于是被改授为一个无足轻重的小官。公元 816 年，郁郁不得志的韩愈写下这首诗来表达自己心中的感慨。

趣味故事

韩愈任潮州刺史时，潮州有一条江，江里有很多吃人的鳄鱼。韩愈忧心忡忡，觉得鳄鱼不除，潮州永不安宁。于是，他让人准备祭品，决定去江边设坛祭鳄。

韩愈来到江边，摆好祭品，对江水喊道："鳄鱼！鳄鱼！韩某来这里做官，为的是能造福一方百姓，你们却在这里兴风作浪，现在限你们在三天之内，带同族出海，时间可以宽限到五天，甚至七天。如果七天还不走，绝对严处。"

没想到，从此潮州就再也没有发生过鳄鱼吃人的事情了。人们为了感谢韩愈，把他祭鳄鱼的地方称为"韩埔"，渡口称为"韩渡"，这条大江则称为"韩江"，江对面的山称为"韩山"。

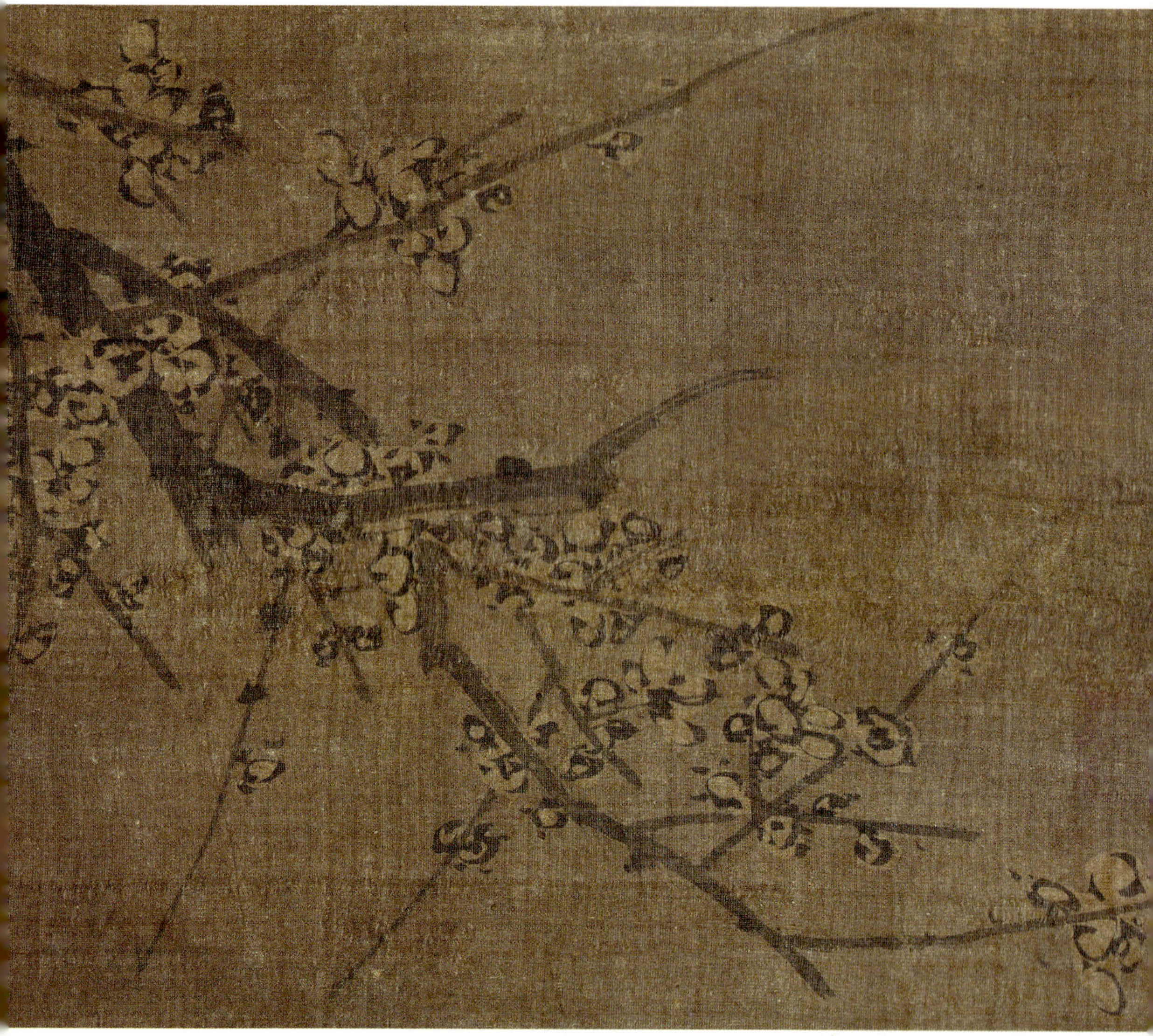

唐·张祐　　梅图（现藏于日本东京国立博物馆）

不懂就问：古文运动的主要内容是什么？

韩愈和柳宗元是古文运动的代表，他们倡导古文是为了推行古道，复兴儒学。他们主张“养气”，就是提高作者的道德修养，作者的道德修养决定文章的表现形式。他们不仅重视经史，也重视屈原等人的艺术成就，吸取他们的精华，丰富自己的写作，可以自创新意新词，反对盲目地厚古薄今，反对有文采但是内容荒谬的作品。同时，要求作者必须有认真的态度。韩愈和柳宗元高举文学复古的旗帜从事文学革新，推动文学前进。

史海拾贝

唐德宗李适继位之后，看到藩镇飞扬跋扈，认为中央的权威受到了挑战，萌生了削藩的念头。公元 781 年，成德节度使死后，他的儿子李惟岳向朝廷请求继承父亲的官位，但是唐德宗坚决拒绝，李惟岳便联合了一干人起兵反唐。地方兵力太强，朝廷兵力太弱，唐德宗不得不逃去奉天。

在这次战争中，有四个人称王，两个人称帝，所以又叫“二帝四王之乱”。这场持续 5 年的战乱，最后的结果是叛将都败死了，但是朝廷向其他藩镇妥协，条件是把王号取消，朝廷承认藩镇在当地的统治权，当地的大小事都由藩镇自己说了算，从此藩镇割据进一步加剧。

左迁①至蓝关②示侄孙湘

一封③朝奏④九重天⑤，夕贬潮州路八千⑥。
欲为⑦圣明⑧除弊事⑨，肯将⑩衰朽⑪惜残年⑫！
云横秦岭⑬家何在？雪拥⑭蓝关马不前⑮。
知汝⑯远来应有意⑰，好收吾骨瘴江边⑱。

文字注释

①左迁：贬官。

②蓝关：即蓝田关，在今陕西蓝田东南。

③一封：指一封谏书，即《论佛骨表》。

④朝奏：早晨上奏。

⑤九重天：这里指皇帝。

⑥路八千：泛指路途遥远。

⑦欲为：想要。

⑧圣明：指皇帝。

⑨弊事：有害的事，指迎奉佛骨的事。

⑩肯：岂肯、哪能。

⑪衰朽：衰弱多病。

⑫惜残年：顾惜残余的生命。

⑬秦岭：在蓝田县内东南。

⑭拥：阻塞。

⑮马不前：出自古乐府《饮马长城窟行》，“驱马涉阴山，山高马不前”。

⑯汝：你，指韩湘。

⑰应有意：应该有所打算。

⑱瘴江边：指岭南。潮州在岭南，古时说岭南多瘴气。

白话译文

一篇谏书早晨上奏给皇帝，晚上就被贬官到路途遥远的潮州去。想替皇上除去政治上的弊端，哪能因衰老就吝惜残余的生命！

回望秦岭，云遮雾锁，我的家在哪里？在白雪积塞的蓝田关外，马也停住脚步不肯前行。我知道你远道而来应该有所打算，正好在瘴江边收殓我的尸骨。

创作背景

唐元和十四年（819）正月，唐宪宗追求长生，修道求佛。担任刑部侍郎的韩愈劝谏唐宪宗，引得唐宪宗大怒，幸亏裴度等人为韩愈说情，才免除死罪，被贬为潮州刺史。

韩愈忠贞不二，却是这样的下场，他一人先上路，走到蓝田关时，妻儿还没跟来，只有侄孙韩湘跟了上来，韩愈感慨万千，写下了这首诗。

趣味故事

韩愈在潮州为官时，为当地百姓做了很多好事。

传说他刚到潮州，正逢潮州大雨成灾，洪水泛滥，淹没了很多庄稼。洪水从北面涌来，韩愈就骑着马来到城北外巡视。他观察水势，察看地形之后，吩咐随从在他走过的地方都插上竹竿，作为堤线的标志。

韩愈插好堤线后，就通知百姓们按竿标筑堤。谁知百姓们到来时，却发现那些插了竹竿的地方已拱出了一条山脉，堵住了洪水。从此，这里就不再发生水灾。于是当地留下“韩文公过马牵山”的传说，那座山也被叫作“竹竿山”。

不懂就问：古文运动为什么会出现？

安史之乱后，唐朝开始衰落，藩镇割据，宦官专权，韩愈等人举起文学复古旗帜，掀起提倡古文、反对骈文的一次文风、文体、文学语言的革新运动，用来宣传自己的政治主张和儒家思想。这个主张得到了柳宗元等人的大力支持和社会上的广泛响应，逐渐形成了群众性的斗争浪潮。

史海拾贝

唐贞元二十一年正月初一，皇宫内热闹非凡，大家都来给唐德宗李适拜年，可是李适一点也不开心，因为太子李诵病重，没过来给他祝贺。

李适在晚年虽然任用宦官，宠信奸臣，干了不少糊涂事，但是和儿子李诵的关系一直很不错。

看到儿子病得这么重，李适也不开心，时常流泪哀叹，却不曾想到，他太过担心儿子，自己也得病了，卧床不起。正月二十三日，李适没熬过去，在长安会宁殿驾崩了。

李绅

悯①农（其二）

锄禾②日当午，
汗滴禾下土。
谁知盘中餐③，
粒粒皆辛苦。

文字注释

① 悯：怜悯。这里有同情的意思。

② 禾：谷类植物的统称。

③ 餐：熟食的通称。

白话译文

盛夏中午，烈日炎炎，农民还在劳作，汗珠滴入泥土。又有谁知道，我们碗中的食物，每一粒都是农民辛苦劳作得来的啊。

作者档案

姓名	李绅，字公垂	性格特点	人物印象
生卒时间	772—846	表里不一，骄奢淫逸，过河拆桥。	历史上对李绅的评价褒贬不一，但不可否认的是，在李绅发达后，忘记了幼时的艰苦，利欲熏心的他变成一个骄奢淫逸、不顾百姓死活的酷吏。
籍贯	不详		
身份	唐代宰相、诗人		
文学地位	文学史上产生过巨大影响的新乐府运动的参与者之一		
别称	悯农诗人		
名言名句	假金方用真金镀，若是真金不镀金。		

创作背景

李绅回家访亲，正巧遇到好友李逢吉。久别重逢，两人一起去城东的一处高台游玩，这里视野宽阔，看得很远。

李逢吉遥望远方，心潮起伏，吟了一首诗，最后两句是："何得千里朝野路，累年迁任如登台。"意思是如果升官能像登台这样快就好了。

而李绅却被田野里农民劳作的景象打动，写下了这首诗。

唐·韩滉　　五牛图（局部）（现藏于故宫博物院）

趣味故事

相传，李绅非常喜欢吃鸡舌，他每次吃饭都要杀掉三百多只鸡，只要舌头，其他的都不要。传言也许夸张许多，但也可以看出李绅的生活多么奢侈。

不懂就问：写《悯农》的李绅家庭条件艰苦吗？

李绅飞黄腾达后，丧失了悯农之心，逐渐蜕变成一个花天酒地的腐官酷吏。他在淮南当节度使时，对百姓疾苦漠不关心，老百姓终日惶惶不安，纷纷渡江逃难。李绅由于生活豪奢、为官酷暴，为讨好李德裕强行处死吴湘，制造了冤案，死后被定性为酷吏，受到了“削绅三官，子孙不得仕”的惩罚。

史海拾贝

公元805年，唐德宗李适驾崩后，太子李诵即位，即唐顺宗。自从唐玄宗以来，唐肃宗、唐代宗、唐德宗都对宦官非常宠信，甚至连京师的精锐部队神策军都交给宦官掌管。宦官仗着军权在手，无所顾忌，干预朝政，整个朝廷一片混乱。

安史之乱后，京城对地方的掌控力下降，逐渐形成藩镇割据的局面，经常发生藩镇叛乱的事，朝廷中的官员们也分为两派，互相对立。唐顺宗李诵面对这样内忧外患的情况，一时束手无策。

幸好，李诵做了很多年太子，手底下有着一批官员，包括王伾、王叔文、刘禹锡、柳宗元等人。这批人个个都是人才，而李诵也有变革的想法，就把朝政交给这些人打理，形成了一个以“二王刘柳”为核心的革新派。

悯农（其一）

春种一粒粟①，
秋收万颗子。
四海②无闲田③，
农夫犹④饿死。

文字注释

① 粟：泛指谷类。

② 四海：指全国。

③ 闲田：没有耕种的田。

④ 犹：仍然。

白话译文

春天的时候播种下一粒种子，到了秋天就可以收获很多的粮食。虽然全国的田地都被耕种，但仍然有种田的农夫饿死。

创作背景

这首诗选取了人们都熟知的耕种生活为题材，生动刻画了当时的社会矛盾，深刻点出了农民辛苦劳作获得丰收，到头来却是两手空空、惨遭饿死的现实问题。

趣味故事：

据记载，李绅在飞黄腾达之前，经常到一个叫李元将的人家中做客，每次见到李元将都叫他“叔叔”，非常有礼貌。李绅发迹之后，李元将因为要巴结李绅，主动降低辈分，称自己为“弟弟”，或者为“侄儿”，李绅听到后都不高兴，直到李元将称自己为“孙子”时，李绅才勉强接受。

不懂就问：《悯农》为什么能流传如此广泛？

李绅的在这首诗中，通过强烈的对比来烘托情感，比如春种秋收的景象众人皆知，但是人们不会像李绅那样去思考背后的社会问题，李绅却从“四海无闲田”的大丰收景象里看到“农夫犹饿死”的残酷现实，让我们不得不带着沉重的心情去思索“是谁制造了这人间的悲剧”这一问题。

这首诗语言通俗、质朴，没有空洞的说教，也没有无病呻吟，但它却流传极广，妇孺皆知。

史海拾贝：

李绅在历史评价中毁誉参半，他与白居易等人关系要好，

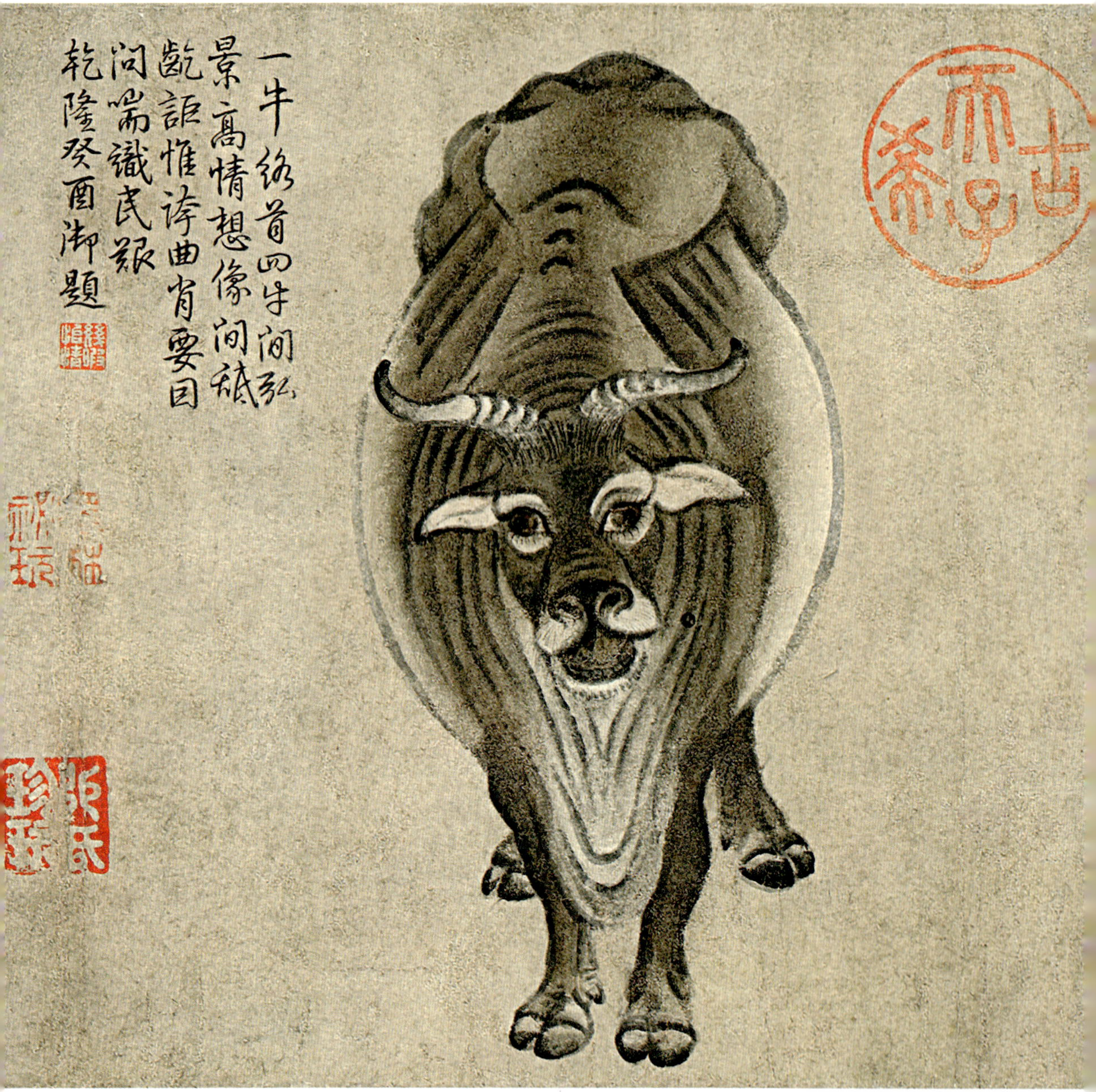

唐 · 韩滉　　五牛图（局部）（现藏于故宫博物院）

都是新乐府运动的倡导者和参与者，而且在元稹、白居易提倡新乐府之前，李绅就首创了新乐府二十首。他一生宦海沉浮，卷入了著名的牛李党争，属于李党的重要人物。因为青年时期写出了《悯农》二首，千古传诵，被誉为“悯农诗人”。

白居易

池上

小娃①撑小艇②，
偷采白莲回。
不解藏踪迹③，
浮萍④一道开。

文字注释

① 小娃：小孩子。

② 艇：船。

③ 踪迹：指被小船划开的浮萍。

④ 浮萍：水生植物，椭圆形的叶子浮在水面，叶子下面有根须，夏季开白花。

白话译文

一个小孩撑着小船，偷偷地采了白莲回来。他不知道怎么掩藏自己的行踪，浮萍被船儿荡开，留下了一条长长的水线。

作者档案

姓名	白居易，字乐天，晚年号香山居士	性格特点	人物印象
生卒时间	772—846	刻苦用功，心怀天下，刚强不屈，敢作敢为。	白居易从小刻苦学习，心中有些兼济天下的理想，可是他这样的性格不为当权者所喜，被贬为江州司马后，他的处世态度变为明哲保身，安时顺命，随波逐流。
籍贯	祖籍太原（今属山西），生于新郑（今属河南）		
身份	唐代伟大的现实主义诗人		
文学地位	与元稹并称“元白”，与刘禹锡并称“刘白”，唐代三大诗人之一		
别称	诗魔、诗王、醉吟先生		
名言名句	来如春梦几多时？去似朝云无觅处。		

创作背景

一天，白居易独自一人在池塘边玩耍，看到一个小孩子悄悄划着小船去偷采白莲，不禁微微一笑，想起了自己小时候也这么调皮，心有所感写下了这首诗。

唐·赵福　　犾图（现藏于日本东京国立博物馆）

趣味故事

要说唐代最会喝酒的诗人是李白，那白居易就不答应了，因为他不但会喝酒，还会酿酒。白居易酿的酒，在当时可是远近闻名，他经常把酿的酒送给乡邻喝，直到现在渭北一代还流传着“白居易造酒除夕赏乡邻”的故事。

白居易喝酒还有个趣闻。一年除夕，白居易一家人吃团圆饭，他喝多了，连人都认不清楚，把张丈认成自己的另一个好朋友，一直叫人家殷兄。

不懂就问：什么是“新乐府”诗派?

“新乐府”是相对于“古乐府”而言，指的是一种用新题写时事的乐府诗，不再以入乐与否作为写诗的标准。新乐府诗始创于杜甫，到了中唐时期，白居易、元稹大力倡导以创作新题乐府诗为中心的诗歌革新运动。因此，“新乐府诗”是指那些纪事名篇，自创新题反映时政弊端、民生疾苦的讽喻诗。

史海拾贝

唐顺宗李诵刚继位，就立刻重用革新派对大唐上下进行改革。革新派主张维护国家统一，加强中央集权，反对藩镇割据和宦官专权，采取一系列措施进行改革，史称“永贞革新”。可是革新破坏了许多人的利益，特别是动摇了宦官们的权力，一些朝中大臣开始攻击革新派，宦官将唐顺宗的长子广陵王李淳立为太子，更名为李纯，与革新派对立打擂台。

赋得古原草送别（节选）

离离①原上草，
一岁②一枯③荣④。
野火烧不尽，
春风吹又生。

文字注释

① 离离：青草茂盛的样子。
② 一岁：一年。
③ 枯：枯萎。
④ 荣：茂盛。

白话译文

原野上长满了茂盛的青草，每年都会在秋冬枯萎，春天又茂盛起来。野火无法烧尽这满地的枯草，春风吹来，又遍地滋生。

创作背景

白居易从小就聪颖过人，学习十分刻苦，他读书读得嘴巴都生出了疮，手都磨出了茧。公元787年，十六岁的白居易到长安科考，这首诗就是他根据考试题目写的一首。这首诗一出，轰动整个长安城。

趣味故事

白居易刚考完试，就拿着这首诗去拜见当时的文学大家顾况。顾况见到白居易，看他生得丰神俊朗，问道："你叫什么名字啊？"

白居易向顾况行礼，递上自己的诗，不卑不亢回答："晚辈白居易，见过顾大家，这是我写的《赋得古原草送别》。"

顾况听了白居易的名字，说："白居易，白居易，长安米贵，白居不易。"意思是长安物价高，想混饭吃可不容易，没点真本事，很难立足，有点小看刚到长安的白居易。

但当他接过白居易的诗，读到"野火烧不尽，春风吹又生"这两句时，不禁感叹道："你有这样的才华，在长安立足很容易。"

不懂就问：什么是"元和体"诗？

"元白"是指中唐诗人元稹和白居易。元稹和白居易的文学主张相近，诗歌风格相近，两人还是好朋友。所谓"元和体"诗是指元稹和白居易在新乐府诗之外，抒写个人生活情趣的格

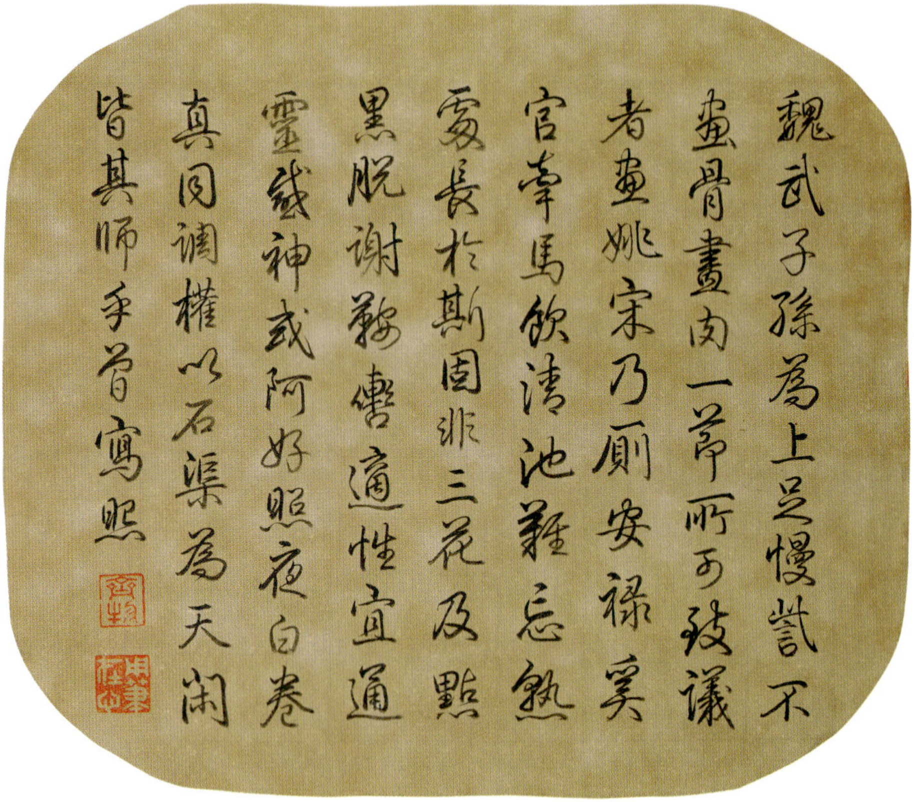

唐·韩干　　清溪饮马图（现藏于辽宁省博物馆）

律诗，主要流行于元和年间，所以被称为“元和体”诗。元稹和白居易既开创了新乐府诗派，又首创了元和体诗，对繁荣中唐诗风做出了贡献。

史海拾贝

公元 805 年 7 月，在多方打压下，革新派愈发艰难。8 月，

宦官逼迫唐顺宗李诵退位，拥立太子李纯登基，即唐宪宗。

唐顺宗当了 25 年的太子，仅仅在位一百多天，他的退位，标志着“永贞革新”无疾而终。当初那些革新派，王伾被贬为开州司马，不久后就去世了；王叔文被贬为渝州司马，第二年被赐死；刘禹锡被贬为朗州司马，柳宗元被贬为永州司马，其他人也纷纷被贬，远离权力中心，“永贞革新”宣告失败。

忆江南①

江南好，风景旧曾谙②。
日出江花③红胜火，
春来江水绿如④蓝⑤。
能不忆江南？

文字注释

① 忆江南：唐代教坊曲名。

② 谙：熟悉。

③ 江花：江边的花朵。一说指江中的浪花。

④ 如：用法犹“于”，有胜过的意思。

⑤ 蓝：蓝草，它的叶子可以制成青绿色染料。

白话译文

江南好，我对江南的风景曾经是多么熟悉。春天的时候，太阳从江面升起，把江边的鲜花照得比火红，碧绿的江水绿得胜过蓝草。怎能叫人不怀念江南？

创作背景

白居易年纪大了，定居在洛阳，洛阳虽好，可是他依然怀念以前在江南的日子。白居易年轻时曾到江南漫游，对江南地区印象很好。后来他又分别担任过杭州刺史和苏州刺史，早年间三次在江南的居住经历让他难以忘怀。

趣味故事

当时的大户人家流行在自己家里配备歌舞乐队，白居易家中富裕，据说也有一支十几人的歌舞乐队。这支乐队中有两名女子，名叫樊素和小蛮，一个樱桃口，善歌；一个杨柳腰，善舞。白居易曾为她们写诗：“樱桃樊素口，杨柳小蛮腰。”

不懂就问：新乐府运动为什么会出现？

安史之乱后，唐王朝正走向衰落。唐中后期，很多士大夫要求革新政治，希望可以振兴唐朝。在这股浪潮的推动下，白居易、元稹等诗人主张恢复古代的采诗制度，继续发扬《诗经》和汉魏乐府讽喻时事的传统，让诗歌起到补察时政、泄导人情的作用。白居易提出诗歌的语言应质朴易懂，便于理解；说话

唐·李昭道　　海天旭日图（局部）（现藏于美国大都会艺术博物馆）

要直截了当，切中时弊；叙事要有根据，令人信服；词句要通顺，合于声律，可以入乐。同时宣称要为君、为臣、为民、为物、为事而作，不为文而作。

史海拾贝

安史之乱前，藩镇都在边疆活动；安史之乱后，全国到处都是藩镇。藩镇实力越来越强，朝廷越来越弱，一言不合藩镇

就造反。

唐中后期，节度使拥有对地方的绝对管理权，宦官逐渐掌权，兵权和皇帝的拥立都由宦官操控，这是内忧；边疆吐蕃、回纥等经常骚扰，这是外患。因此，唐朝后期朝廷基本都在应付各种叛乱，虽然每次造反都不“致命”，但常年消耗，大唐越来越弱。

大林寺①桃花

人间②四月芳菲③尽，
山寺桃花始④盛开。
长恨⑤春归无觅处，
不知⑥转入此中来。

文字注释

① 大林寺：在庐山大林峰，相传为晋代僧人昙诜所建。

② 人间：指庐山下的平地村落。

③ 芳菲：盛开的花，花草艳盛的人间景色。

④ 始：才，刚刚。

⑤ 长恨：常常惋惜。

⑥ 不知：岂料，没想到。

白话译文

人间四月里百花已尽，高山古寺中的桃花才刚刚盛开。我常为春光逝去无处寻觅而惋惜,却不知它已经转到这里来。

创作背景

公元815年，宰相武元衡遇刺身亡，朝野上下大受震动。白居易上奏唐宪宗，主张严惩幕后黑手王承宗、李师道，却被认为是“越职言事”。不久后，白居易因为母亲看花坠井去世悲痛不已，这时还有人诽谤他写过“赏花”及“新井”诗，枉为人子，白居易就被贬为江州司马。这首诗便写于此时。

趣味故事

白居易才高八斗，不但被称为诗魔、诗王，还与李白、杜甫合称唐代三大诗人，这样的成就，常人难以企及。

传说，白居易每写一首诗，都要读给老妇人听，确认这样的人都能听懂，然后才会定稿。只有底层人民感同身受了，才能在社会上掀起一片呼声。这个故事虽然比较夸张，但确实能反映出白居易的诗歌通俗易懂的特点。

不懂就问：白居易为什么被称为“诗魔”？

据说白居易一生特别喜欢写诗、作文，每天都有朗诵和抄写的习惯，从早上开始又诵读又写诗，直到晚上，时间一长，他的舌头因为过度诵读开始生疮,手指因为过度书写长了老茧。

唐 · 张萱　　虢国夫人游春图（宋摹本）（现藏于辽宁省博物馆）

为此，他还写了两句诗自嘲：“酒狂又引诗魔发，日午悲吟到日西。”因为他对诗歌的痴迷到了狂热的地步，所以后人称白居易为“诗魔”。

史海拾贝

公元 806 年，唐宪宗李纯才继位没多久，西川节度使刘辟就发动叛乱。

李纯虽是被宦官拥立上位的，但他很有理想抱负，一直把先祖唐太宗李世民当作榜样，想干一番大事业。

李纯立即派出神策军行营节度使高崇文、神策军京西行营兵马使李元奕等率军前去讨伐刘辟。刘辟不是对手，屡战屡败，最后彻底溃败被俘，被押送到长安斩首。

暮江吟

一道残阳①铺水中，
半江瑟瑟②半江红。
可怜③九月初三夜，
露似真珠④月似弓。

文字注释

① 残阳：快落山时太阳的光。

② 瑟瑟：这里形容未受到残阳照射的江水所呈现的青绿色。

③ 可怜：可爱。

④ 真珠：这里指珍珠。

白话译文

夕阳余晖柔和地铺洒在江水之上，江水一半呈现出深深的绿色，一半呈现出红色。最可爱的是九月初三这个夜晚，露珠好似一颗颗珍珠，升起的新月像一张精巧的弯弓。

创作背景

公元 820 年，唐宪宗暴毙，唐穆宗李恒即位。李恒爱惜白居易的才华，把他从江州重新调回长安。但李恒荒怠朝政，不听劝谏，朝中大臣争权夺利，“牛李党争”激烈。

白居易便请求出京为官。公元 822 年，白居易被任命为杭州刺史，这首诗就是他在赴杭州任刺史的途中写的。

趣味故事

白居易的诗歌通俗易懂，在民间口碑极好，老百姓都看得懂他的文字，所以自发地抄录他的诗歌，放到寺庙中供人取阅。因为白居易的诗是免费的，那些“遣唐使”带回国的诗集中，白居易的就占据了一多半，他的诗外国的文人读起来也觉得特别亲切。

不懂就问：“诗魔”白居易为什么又称为“诗王”？

“诗魔”的称号是对白居易写诗疯魔成性的一种高度赞扬，而“诗王”的称号是因为白居易的诗歌广泛流传。白居易的诗歌，比较质朴，没有刻意去追求深度和广度，因此他的诗

唐·李昭道 曲江图（现藏于台北故宫博物院）

比较通俗易懂，得到了广大人民群众的喜爱。

史海拾贝

唐宪宗李纯平定刘辟之乱，对其他藩镇起到了一定的震慑作用，很多藩镇节度使请求入京朝见。

镇海节度使李琦也主动要求入京任职，实则是想要试探唐宪宗对他是否信任。没想到唐宪宗任命李琦为左仆射，也就是宰相，同意了他入京为官的请求。唐宪宗的目的就是将李琦调离节度使的位置，属于明升暗降。李琦当然不愿意。他原本就不是真的想要入京，便一再推迟时日。唐宪宗终于忍无可忍，打算削藩。

唐宪宗任命淮南节度使王锷为招讨处置使，内官薛尚衍为监军。征宣武、义宁、武昌兵，并淮南、宣歙兵俱出宣州，江西兵出信州，浙东兵出杭州，共同讨伐。

元和二年（807）十月，镇海军兵马使张子良、润州大将李奉独等抓住了李锜，将其献给朝廷，李琦最终被唐宪宗腰斩。

钱塘湖春行

孤山寺[1]北贾亭[2]西，水面初平云脚[3]低。
几处早莺[4]争暖树[5]，谁家新燕[6]啄春泥。
乱花[7]渐欲[8]迷人眼[9]，浅草[10]才能[11]没[12]马蹄。
最爱湖东行不足[13]，绿杨阴里[14]白沙堤[15]。

文字注释

① 孤山寺：南北朝时期陈文帝所建，宋朝时改名为广化寺。

② 贾亭：即贾公亭。唐贞元（785—805）年间，贾全在杭州做官时在西湖边建造此亭。

③ 云脚低：白云重重叠叠，同湖面上的波浪连成一片，看上去浮云很低。云脚，接近地面的云气，多见于快要下雨或者雨刚停的时候。

④ 早莺：初春时早来的黄鹂。

⑤ 暖树：向阳的树。

⑥ 新燕：刚从南方飞回来的燕子。

⑦ 乱花：纷乱的花。

⑧ 欲：副词，将要，就要。

⑨ 迷人眼：使人眼花缭乱。

⑩ 浅草：浅浅的青草。

⑪ 才能：刚够上。

⑫ 没：遮没，盖没。

⑬ 足：满足。

⑭ 阴：指树荫。

⑮ 白沙堤：指西湖的白堤，又称“沙堤”或“断桥堤”。

白话译文

孤山寺的北面、贾公亭的西面，湖水刚与堤齐平，白云垂得很低。几只早出的黄莺争栖向阳的树木，谁家新飞来的燕子忙着筑巢衔泥。纷繁的花朵渐渐开放使人眼花缭乱，浅浅的青草刚刚能够没过马蹄。最喜爱湖东的美丽景色百游不厌，成排杨柳绿荫中穿过一条白沙堤。

创作背景

公元 822 年，白居易被任命为杭州刺史。远离了权力的漩涡，白居易轻松很多，每天就游游山、玩玩水，给杭州的百姓们干点实事。

因为西湖淤塞，导致农田干旱，白居易修建湖堤蓄积湖水，以利灌溉，缓解旱灾所造成的危害，并写了一篇《钱塘湖石记》，将治理湖水的政策、方式与注意事项，刻石置于湖边，供后人知晓，对后来杭州治理湖水有很大的影响。这首诗便写于白居易任职杭州期间。

趣味故事

白居易和元稹并称“元白”，两人三十多岁进入大唐朝堂，一见如故，一起推动新乐府运动，一起同朝共事。

两人因刚正不阿的性格得罪了很多人，一个被贬为通州司马，一个被贬为江州司马。

他们虽然不在同一个地方，但一直保持联系。白居易母亲去世了，他没钱操办，元稹听到后马上掏出自己多年的积蓄给他。

唐宪宗暴毙后，两人又被唐穆宗诏回长安。没过几年，元稹就暴病而亡。白居易哭得撕心裂肺，忍着悲痛亲自给元稹写了墓志铭。

不懂就问：白居易的闲适诗有什么影响?

白居易的闲适诗语言风格浅切平易，意蕴情调淡泊悠闲，还包含了效仿陶渊明的生活态度，与后来的文人心理状态相比较温和，影响了包括苏轼在内的一批诗人、词人。

史海拾贝

唐宪宗李纯削藩镇如火如荼进行，却在淮西受到了很大阻挠。公元 814 年，淮西节度使吴少阳去世，他的儿子吴元济隐瞒了消息，害怕朝廷趁此机会收回兵权。可是纸包不住火，唐宪宗还是得到了消息，派遣使者前去吊唁，顺便打探一下情况。

很快，吴元济举兵叛乱，一时间声势浩荡，唐宪宗连忙派兵平叛，遭到了顽强抵抗。直到公元 815 年，宰相裴度请求亲赴前线平叛。裴度为人刚强正直、能言善辩、知人善用，颇受唐宪宗看重。

如果吴元济被平定，成德与平卢的李师道和王承宗必受威胁。李师道和王承宗吓得冷汗直流，多次上奏为吴元济求情都被唐宪宗驳回，于是他们派出刺客刺杀裴度和武元衡，两人都是削藩的主战派，武元衡不幸遇害，裴度幸得随从拼死掩护，捡回一条命。

夜来城外一尺雪，晓⑨驾炭车辗⑩冰辙。

牛困⑪人饥日已高，市⑫南门外泥中歇。

翩翩⑬两骑⑭来是谁？黄衣使者白衫儿⑮。

手把⑯文书口称敕⑰，回⑱车叱⑲牛牵向北⑳。

一车炭，千余斤㉑，宫使驱㉒将惜不得㉓。

半匹红纱一丈绫㉔，系㉕向牛头充炭直㉖。

卖炭翁①

卖炭翁，伐薪②烧炭南山中。
满面尘灰烟火色③，两鬓苍苍④十指黑。
卖炭得⑤钱何所营⑥？身上衣裳口中食。
可怜⑦身上衣正单，心忧炭贱愿⑧天寒。

文字注释

① 卖炭翁：此篇是组诗《新乐府》五十首中的第三十二首。

② 伐薪：砍柴。

③ 烟火色：烟熏色的脸，此处突出卖炭翁的辛劳。

④ 苍苍：灰白，形容鬓发花白。

⑤ 得：得到。

⑥ 何所营：做什么用。营，谋求。

⑦ 可怜：使人怜悯。

⑧ 愿：希望。

⑨ 晓：天亮。

⑩ 辗：同“碾压”

⑪ 困：困倦，疲乏。

⑫ 市：城市中划定的集中进行交易的场所。唐代长安有东西两市，各有东、西、南、北四门。

⑬ 翩翩：轻快的样子。

⑭ 骑：骑马的人。

⑮ 黄衣使者白衫儿：黄衣使者，指太监。白衫儿，指太监手下的爪牙。

⑯ 把：拿。

⑰ 敕：指皇帝的命令。

⑱ 回：调转。

⑲ 叱：吆喝。

⑳ 牵向北：长安城宫廷在北面，集市在南面。

㉑ 千余斤：不是实指，形容很多。

㉒ 驱：赶着走。

㉓ 惜不得：吝惜不得。

㉔ 半匹红纱一丈绫：唐朝商品交易，钱帛共用，但“半匹红纱一丈绫”远远低于一车炭的价值。

㉕ 系：挂。

㉖ 直：同“值”，价钱。

白话译文

有位卖炭的老翁，整年在南山里砍柴烧炭。他满脸灰尘，显出被烟熏火燎的颜色，两鬓灰白，十个手指也被炭火熏得很黑。

卖炭得到的钱用来干什么？买身上穿的衣裳和吃的食物。可怜他身上只穿着单薄的衣服，心里却还担心炭不值钱，希望天更冷一些。

夜里城外下了一尺厚的大雪，清晨老翁驾着炭车轧着冰冻的车印往集市上赶去。牛累了，人饿了，但太阳已经升得很高了，他就在集市南门外的泥泞中歇息。

那两个轻快的骑着马的人是谁啊？是皇宫内的太监和太监的手下。太监手里拿着文书，嘴里说着是皇帝的命令，吆喝着牛将炭车朝皇宫拉去。

一车的炭，非常多，太监差役们硬是要拉走，老翁是百般不舍，但又无可奈何。那些人把半匹红纱和一丈绫，朝牛头上一挂，就充抵买炭的钱了。

创作背景

中唐时期，宦官专权，横行无忌，祸害百姓。很多太监分布在长安城市集里，以低价强行购买货物，有些甚至不给钱，还勒索卖货的人，明面上叫“宫市”，其实就是一种公开的掠夺。白居易看到太监们作威作福，对百姓抱有深切同情，写下了这首诗。

趣味故事

大唐帝国四方来朝，很多国家的商人都来大唐经商贸易。曾有个国家的商人来大唐贸易的时候，出很多钱来搜集白居易的诗，甚至以一百金换一篇。

百姓们就很好奇，白居易在国外这么受欢迎的吗？后来才知道，原来是这个国家的宰相出的钱。白居易的作品在日本更受欢迎，日本著名学者管原道真写的诗，受白居易影响很大。

不懂就问：白居易的诗歌理论是什么？

白居易综合了儒、佛、道三家的思想，主要以儒家思想为主导，他提倡“穷则独善其身，达则兼济天下”。他把诗比作果树，提出“根情、苗言、华声、实义”的观点，情感是写诗的根本条件，而情感又产生于现实，因此创作必须取材于现实，反映一个时代的社会政治情况。

史海拾贝

公元815年，裴度和武元衡遇刺后，有些大臣建议唐宪宗罢免裴度，以安抚王承宗、李师道之心。唐宪宗勃然大怒：“如

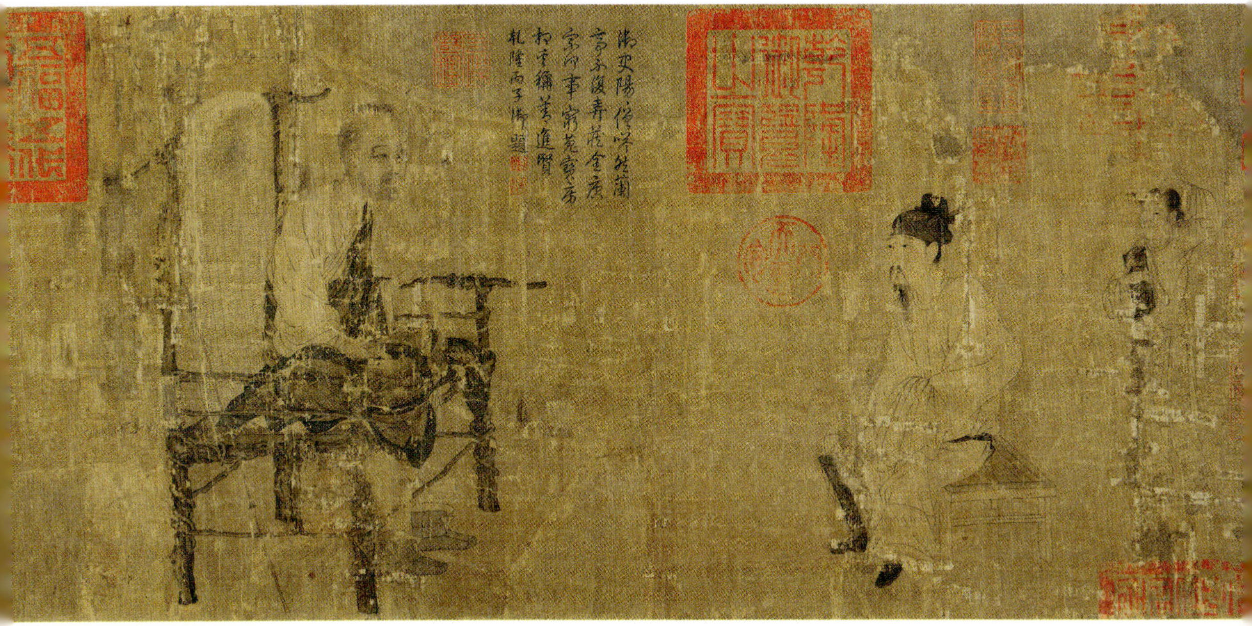

唐·阎立本　萧翼赚兰亭（现藏于辽宁省博物馆）

果罢免裴度，就让奸臣的奸计得逞，朝廷纲纪如何整顿？朕任用裴度一人，足以击败这两个乱臣贼子。”

这些人还不死心，又劝唐宪宗放弃攻打吴元济，只有裴度认为不能赦免吴元济，支持唐宪宗用兵。

公元 817 年，裴度离开长安，亲自讨伐吴元济。裴度军法严肃，号令划一，并且知人善用，因此捷报连传，吴元济兵败被擒，持续 3 年的“淮西之乱”结束。裴度还接受韩愈的建议，派使者与王承宗谈判，使他归顺朝廷。

刘禹锡

望洞庭

湖光①秋月两相和②，
潭面③无风镜未磨④。
遥望洞庭山水翠，
白银盘⑤里一青螺⑥。

文字注释

① 湖光：湖面的波光。

② 和：和谐，指水光与月色相互辉映。

③ 潭面：指湖面。

④ 镜未磨：古人的镜子用铜制作、打磨而成。这里一说是湖面无风，水平如镜；一说是远望湖中的景物，隐约不清，如同镜

面没打磨时照物模糊。

⑤ 白银盘：形容平静而又明亮的湖面。

⑥ 青螺：青绿色的螺，这里用来形容洞庭湖中的君山。

白话译文

洞庭湖中水光和月色互相辉映，湖面风平浪静，迷迷蒙蒙，如同未磨的铜镜。远远望去洞庭湖山水苍翠，君山就像白银盘里的一只青螺。

作者档案

姓名	刘禹锡，字梦得	性格特点	人物印象
生卒时间	772—842	不畏权贵，乐观豁达，豪放洒脱，刚毅不屈，安贫乐道，高傲不羁，不屈不挠。	刘禹锡的贬谪生涯比唐代一般诗人时间更长、磨难更多，他一生经历七个君王，即使被贬，依然不随波逐流；在苦难的日子里，依然豁达，刚毅豪猛。他的诗和人生，当真豪情万丈，斗志不息。
籍贯	洛阳（今属河南）		
身份	唐代文学家、哲学家		
文学地位	与柳宗元并称“刘柳”，与白居易合称“刘白”		
别称	诗豪、刘宾客、刘中山		
名言名句	山不在高，有仙则名。水不在深，有龙则灵。		

创作背景

公元805年，唐宪宗即位，仅仅持续一百多天的“永贞革新”戛然而止，身为革新派中心人物之一的刘禹锡被贬为朗州司马，这就是历史上著名的“八司马事件”（同时被贬为偏远州司马的共八人，史称“八司马”）。

元和九年（815），刘禹锡和柳宗元等人一同被召回京城，可是他的性格刚毅不屈，讽刺得罪权贵，不久又被贬到偏远地区当刺史，这首诗写于此时。

趣味故事

刘禹锡与柳宗元等人一起被贬为远州司马。10年后刘禹锡回到长安，正好是春天，他来到玄都观游玩，满观桃花灿烂如霞，这些桃树都是他离开长安后才栽种的，他离开长安时还没有这些桃树。

刘禹锡心生感慨，写下了《游玄都观》：“玄都观里桃千树，尽是刘郎去后栽。”

没想到，这首诗被人告发，触怒当权者。因此，刘禹锡又被贬到边远地区为官了。过了14年，他再次回到长安，玄都观一派萧然，一棵桃树都没有了，于是他再次写了一首《再游玄都观》：“百亩中庭半是苔，桃花净尽菜花开。种桃道士归何处？前度刘郎今又来。”这便是成语“前度刘郎”的由来，意思是去了又来的人。

不懂就问：刘禹锡为什么叫“诗豪”？

我们读诗词的时候，只要听到刘禹锡这个名字，就可以把悲伤、难过、消极这些词语删掉了，因为刘禹锡这个人，性格刚毅，饶有豪猛之气，面对生活的困难，也始终不曾绝望。他的山水诗，改变了晚唐诗人襟怀狭小、气象萧瑟的风格，给人一种昂扬奋进的力量，所以他被称为“诗豪”。

史海拾贝

各地藩镇叛乱纷纷被平定，李师道却依然兴风作浪，一直与朝廷对着干。公元 818 年，唐宪宗命令裴度讨伐李师道。要知道，当年刺杀裴度和武元衡便是李师道的主意。新仇旧恨一起算，很快李师道判乱便被平定。

裴度为人执着，不改禀性，忠心侍奉宪宗，朝政凡有失误他便极力进言，因遭到小人挑拨离间，使宪宗对裴度心生不悦，给裴度降了官职。

浪淘沙①（其一）

九曲②黄河万里沙③，
浪淘④风簸⑤自天涯⑥。
如今直上银河去，
同到牵牛织女⑦家。

文字注释

① 浪淘沙：唐代曲名。

② 九曲：相传黄河有九道弯。形容弯弯曲曲的地方很多。

③ 万里沙：黄河在流经各地的时候挟带大量泥沙。

④ 浪淘：波浪淘洗。

⑤ 簸：颠簸。

⑥ 自天涯：来自天边。

⑦ 牵牛织女：星名，有牛郎织女的传说，牵牛即牛郎。

白话译文

万里黄河弯弯曲曲，挟带着泥沙，波涛滚滚如飓风掀簸来自天涯。现在我们可以沿着黄河飞到银河去，一起去寻访牛郎织女的家。

创作背景

这首诗是刘禹锡被贬期间所写。刘禹锡虽然仕途几经波折，但依然保留着雄心壮志。朝中宦官专权，朝外藩镇割据，人才被外放，刘禹锡一身抱负毫无用武之地。但他没有沉沦，反而用积极乐观的态度应对世事的变迁。这首诗正表达了他这样的情感。

趣味故事

刘禹锡被贬二十多年后，终于回到京都。这时朝廷一品大官是李绅，就是那个写《悯农》的诗人。李绅很是仰慕他，就邀请他到家里喝酒。席间李绅还叫了几个女子来跳舞助兴。

刘禹锡不禁感慨，写下一首诗《赠李司空妓》：“鬟髻梳头宫样妆，春风一曲杜韦娘。司空见惯浑闲事，断尽江南刺史肠。”

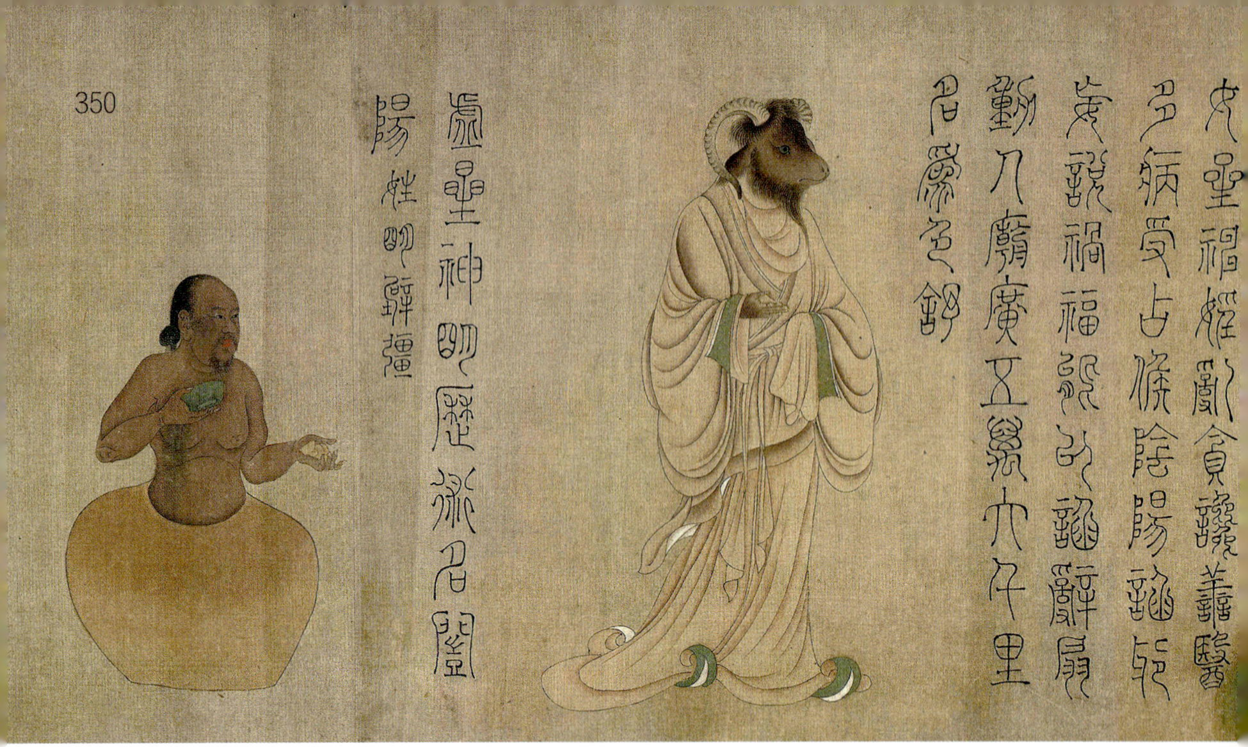

唐·梁令瓒　星宿图（宋摹本局部）（现藏于故宫博物院）

意思就是对于我来说这样难得一见的事情，李司空已经见惯，不觉得奇怪了。这便是成语“司空见惯”的由来。

不懂就问：“中唐三杰”都有谁?

经历安史之乱的唐朝，每况愈下，皇位更迭频繁，宦官专权，藩镇割据，盛唐的景象不再。文人们在严峻冷酷的现实中失去了原本的昂扬激奋，带了几分感伤色彩，诗歌主流转向现实主义，涌现了白居易、刘禹锡、韦应物等杰出代表，并称为中唐“三杰”。

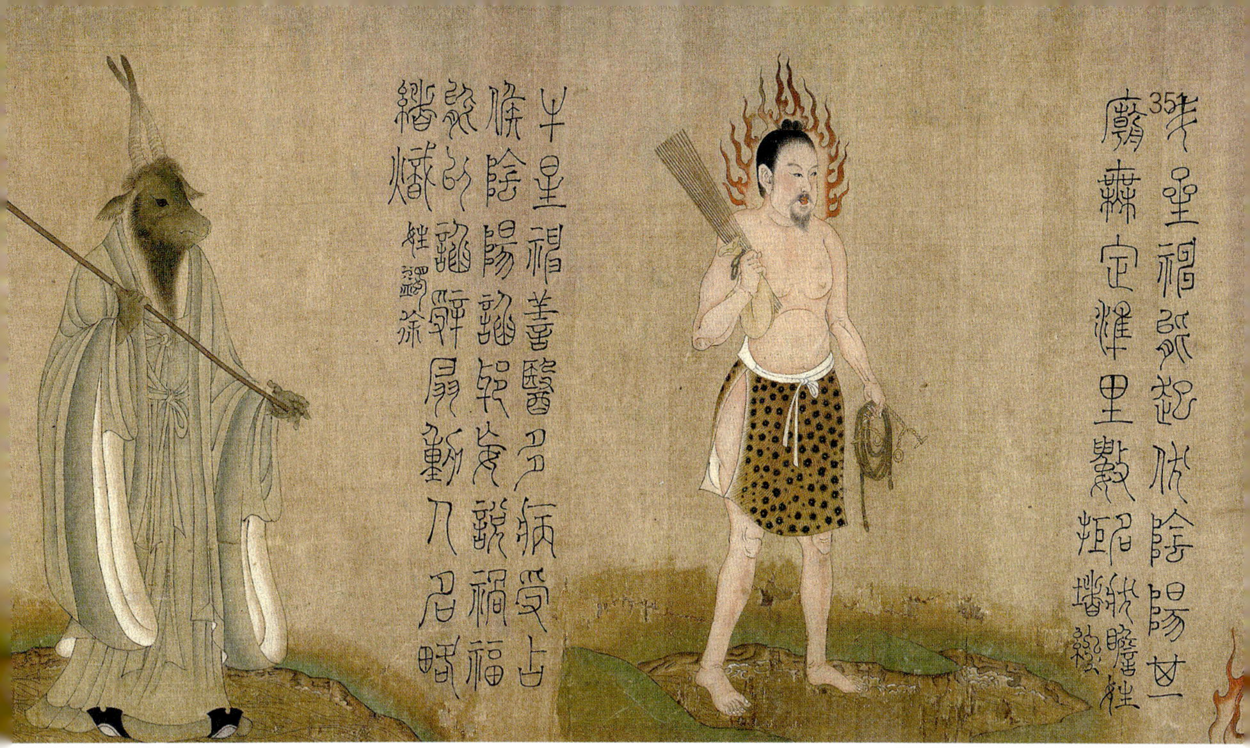

史海拾贝

唐宪宗李纯继位后英明果断，能用忠谋，力图削平藩镇割据，任用裴度、李绛、杜黄裳等几位贤相，但李纯和李隆基一样，认为自己立下了不朽之功，渐渐骄奢。

在和藩镇的战争中，李纯重用宦官，任命心腹宦官为统帅出征，有人向他进言，一定要防止宦官的权力过大，他却不以为意。

李纯还罢免了贤相裴度，任用奸臣皇甫镈。

秋词（其一）

自古逢秋悲寂寥①，
我言秋日胜春朝②。
晴空一鹤排云③上，
便引诗情到碧霄④。

文字注释

① 悲寂寥：悲叹冷清萧条。

② 春朝：春天。

③ 排云：指推开云层。排，推开。

④ 碧霄：青天。

白话译文

自古以来人们每逢秋天都会悲叹冷清萧条，我却说秋天要胜过春天。晴空万里，一只鹤推开云层扶摇直上，便引发我的诗情飞上云霄。

创作背景

革新失败后，刘禹锡被贬朗州，柳宗元被贬永州。不同于柳宗元的郁郁寡欢，刘禹锡豪情依旧，写了这首《秋词》。这首诗不仅仅表现秋天的生机，更表达出刘禹锡高扬的气概和高尚的情操。

趣味故事

要说唐代继“李杜”之后的最佳搭档，不是“元白”，不是“刘白”，而是“刘柳”，即刘禹锡与柳宗元。他们是同科进士，又是好朋友。

他们一起搞改革，制定了很多具有进步意义的政治措施。在朝堂上“冲锋陷阵”，把身家性命与大唐的国运连在一起，即使相隔两地，依然不断联系，天涯若比邻。

柳宗元死后，把身后事托付给刘禹锡，他的子女也由刘禹锡抚养。现在我们看到的柳宗元的作品，都源自刘禹锡编纂的《河东先生集》。

不懂就问：“刘柳”指的是谁?

“刘柳”指柳宗元、刘禹锡。两人虽然并称，但是风格不同，柳宗元比较沉重内敛，风格峭拔简洁；刘禹锡昂扬外扩，风格雄豪苍劲。刘禹锡早年与柳宗元同登进士，一同为官，共同参与改革，共同被贬，两人情谊深厚，因此以“刘柳”并称。

唐·挠庵　　萄图（现藏于日本东京国立博物馆）

史海拾贝

唐宪宗继位后，每次读到唐太宗和唐玄宗那些治国理政的故事，浑身就充满了力量，想效仿两位老祖宗治理大唐。他先把唐顺宗时期的一系列朝政废除，整顿科举，修订大唐律令，加强财政管理，提高宰相权威，削弱地方藩镇势力，加强中央集权。

那些藩镇一个接一个被唐宪宗收服，归顺朝廷，使得大唐内外都得到有效治理，朝廷威望得到振兴，唐朝再次得到统一，史称“元和中兴”。

唐宪宗治理大唐的轨迹和唐玄宗差不多，都是前半生英明神武，后半生惨不忍睹。后期的唐宪宗，开始重用宦官，并且让宦官担任军队要职，作为统帅带兵出征，使得宦官的势力越来越大。

酬[1]乐天[2]扬州初逢席上见赠[3]

巴山楚水[4]凄凉地，二十三年弃置身[5]。
怀旧[6]空吟[7]闻笛赋[8]，到乡翻似[9]烂柯人[10]。
沉舟侧畔千帆过，病树前头万木春。
今日听君歌一曲[11]，暂凭杯酒长[12]精神。

文字注释

① 酬：这里是以诗相答的意思。

② 乐天：指白居易，字乐天。

③ 见赠：送给（我）。

④ 巴山楚水：诗人曾被贬夔州、朗州等地，夔州古属巴郡，朗州属楚地，故称“巴山楚水”。

⑤ 弃置身：指遭受贬谪的诗人自己。

⑥ 怀旧：怀念故友。

⑦ 吟：吟唱。

⑧ 闻笛赋：指西晋向秀的《思旧赋》。向秀跟嵇康是好朋友，嵇康被司马氏集团杀害，向秀经过嵇康故居时，不禁悲从中来，于是作了《思旧赋》。

⑨ 翻似：倒好像。翻，副词，反而。

⑩ 烂柯人：指晋人王质。南朝梁任昉《述异记》载，王质上山砍柴，看见两个童子下棋，就停下观看。等棋局终了，斧子柄已经朽烂。回到村里，才发现已经过了上百年，与他同时代的人都去世了。

⑪ 歌一曲：指白居易的《醉赠刘二十八使君》。

⑫ 长：增长，振作。

白话译文

我被贬谪到巴山楚水凄凉之地，度过了二十三年默默谪居沦落的光阴。怀念故去的旧友只能吟诵闻笛赋，回来物是人非，我像烂柯之人。

翻覆的船只旁边仍有千千万万的帆船经过，枯萎的树木前面也有万千林木欣欣向荣。今日听了你为我吟诵的诗篇，暂且借这一杯美酒振作精神。

创作背景

公元 826 年，被贬长达 23 年的刘禹锡被召回洛阳，正巧此时白居易也从苏州回到洛阳。

两人在扬州相逢，不禁感慨，时光如梭，再回首时，物是人非，韩愈、柳宗元、王叔文等以前那些好友都不在了。

宴会上，杯觥交错，酒到酣时，白居易为刘禹锡被贬谪这么多年感到不平，写下一首《醉赠刘二十八使君》送给刘禹锡。刘禹锡读罢，感慨万千，写下这首诗送给白居易。

趣味故事

刘禹锡被贬到安徽和州，和州有一个姓策的知县，是个反对革新的保守派，和刘禹锡作对，把刘禹锡安排住到郊区。

来到新家，刘禹锡写了一副对联贴在门前：面对大江观白帆，身在和州思争辩。策知县听说这个消息后，非常不舒服，心想："安排你住在郊区你还挺高兴？"他又让刘禹锡搬到城北，换了一个小房子，刘禹锡又提笔写了一副对联：杨柳青青江水平，人在历阳心在京。

策知县彻底恼羞成怒，绞尽脑汁，让刘禹锡住在一间破败不堪的陋室，四面漏风。刘禹锡端坐在陋室之中，脸上露出一丝嘲讽的笑意，写下了名垂千古的《陋室铭》，并让人刻在石碑之上，立于门前。

不懂就问：“刘白”指的是谁？

刘禹锡、白居易并称“刘白”，两人友谊深厚，写有大量酬唱诗。白居易曾以“四海齐名白与刘”自夸，两人的诗歌风格流畅上口、易于传诵。晚年的刘禹锡住在洛阳，与白居易唱和的作品有很多。

史海拾贝

唐宪宗李纯晚年政治腐败，整天信仙好佛，就想长生不老。公元818年，唐宪宗下诏寻找方士，奸相皇甫镈向他推荐了一个叫柳泌的人，为唐宪宗配制所谓的长生药，唐宪宗还派遣宦官去凤翔迎接佛骨。

刑部侍郎韩愈上书，劝谏唐宪宗这样做是不对的。唐宪宗勃然大怒，准备处死韩愈，幸亏裴度等人求情，韩愈这才幸免于难。

公元819年，唐宪宗开始服用长生药，性格变得暴躁易怒，对服侍的太监们不是打就是骂，杀了不少人。

宦官们看势头不对，分为两派，一派策划立唐宪宗二儿子李恽为太子，一派拥护唐宪宗三儿子李恒为太子。

柳宗元

江雪

千山鸟飞绝①，
万径②人踪③灭。
孤④舟蓑笠⑤翁，
独钓寒江雪。

文字注释

① 绝：无，没有。

② 万径：虚指，指千万条路。

③ 人踪：人的踪迹。

④ 孤：孤零零。

⑤蓑笠：蓑衣和斗笠。笠，用竹篾编成的帽子。

白话译文

所有的山上，飞鸟的身影已经绝迹，路上不见人的踪迹。江面孤舟上，一位披着蓑衣戴着斗笠的老翁，独自在大雪覆盖的寒冷江面上垂钓。

作者档案

姓名	柳宗元，字子厚	性格特点	人物印象
生卒时间	773—819	刚正不阿，精明能干，才智突出，高风亮节，乐于助人，倔强执着，重情重义。	柳宗元年纪轻轻就显露出出众的才华和卓越的政治才能。由于一身抱负没有机会施展，固执的柳宗元在被贬后仍想回到朝廷做一个政治家。不同于刘禹锡，看不透、走不出的柳宗元经受了太多精神折磨，导致了早逝的结果。
籍贯	河东（今山西永济）		
身份	唐代文学家、思想家、哲学家		
文学地位	唐宋八大家之一，与韩愈并称“韩柳”，与刘禹锡并称“刘柳”		
别称	柳河东、河东先生		
名言名句	千山鸟飞绝，万径人踪灭。		

创作背景

永贞革新运动失败后，柳宗元被贬为永州司马。苦闷的日子不见一丝希望，柳宗元只能寄情于山水，可他发现自己还是不能忘怀，在无奈和悲苦之中，柳宗元写下了这首诗，含蓄表达了被贬的孤愤，想回长安而不得回的凄苦与悲凉。

唐・李思训　　京畿瑞雪图（现藏于故宫博物院）

趣味故事

男人的世界里，主角通常都是三个。和“李杜”中间有一个高适一样，“刘柳”之间也有一个韩愈。早年间，三人一同担任监察御史，关系很好。柳宗元沉默寡言，是个老实人。韩愈擅长写文章，刘禹锡擅长议论，这两人一见面就争论不休，柳宗元每次都出来调和，韩愈和柳宗元去世后，只剩刘禹锡，他专门写文章怀念当初的日子。

不懂就问：“韦柳”指的是谁?

“韦柳”是韦应物、柳宗元的合称，两人的诗歌题材、风格有许多相似之处。他们都受到陶渊明、谢灵运诗歌的影响，韦应物擅长山水田园诗，风格冲淡闲远；柳宗元的山水诗也有较高成就，风格也有冲淡自然的一面。

史海拾贝

唐宪宗晚年，大臣之间为了争权夺利，朋党之争越来越激烈，其中以牛僧孺和李德裕两人最为厉害，他们竞争越激烈，宦官的权力就越大，史称“牛李党争”，这场斗争持续了将近40年，从唐宪宗晚年开始，到唐宣宗时期才结束。

“牛李党争”是唐朝晚期宦官专权、政治高度腐败衰落的表现，最终以李党全遭罢斥，李德裕被贬死于崖州，牛僧孺病死，宦官和藩镇的势力大增而结束。

胡令能

小儿垂钓

蓬头①稚子②学垂纶③，
侧坐莓④苔⑤草映身。
路人借问⑥遥招手，
怕得鱼惊⑦不应⑧人。

文字注释

① 蓬头：头发蓬乱的样子。

② 稚子：年龄小的、懵懂的孩子。

③ 垂纶：钓鱼。纶，钓鱼用的丝线。

④ 莓：一种野草。

⑤ 苔：苔藓植物。

⑥ 借问：向人打听。

⑦ 鱼惊：鱼儿受到惊吓。

⑧ 应：回应，答应，理睬。

白话译文

一个头发蓬乱的小孩在河边学钓鱼，侧着身子坐在青苔上，野草掩映着他的身影。听到过路的人问路，小孩远远地摆了摆手，生怕惊动了鱼儿，不敢回应过路人。

作者档案

姓名	胡令能	性格特点	人物印象
生卒时间	785—826	志趣高雅，热爱生活。	文学史上隐士文化源远流长，历朝历代都不乏隐居的人。但真正蜕去尘世，不沾功名利禄的隐士很少，胡令能正是其中之一。他的诗构思巧妙，具有很浓的生活情趣，精妙超凡、生动传神。
籍贯	河南郑州中牟县		
身份	唐代诗人		
文学地位	唐代著名诗人		
别称	胡钉铰		
名言名句	儿童不惯见车马，走入芦花深处藏。		

创作背景

胡令能并不是职业诗人，他只是一个升斗小民，以修补锅碗盆缸为生，手艺高超，所以人们称他为“胡钉铰”。

一天，胡令能去乡下找朋友，走着走着却迷了路。他看到一个小孩子在河边钓鱼，他过去问路，小孩却怕他说话把鱼儿吓跑了，朝他摆了摆手，胡令能看到这样充满纯真童趣的一幕，写了这首诗。

趣味故事

传说一开始胡令能根本不会写诗，就是一个铁匠而已。一天，他睡得迷迷糊糊的，突然梦到一个仙人来到自己床边。

仙人脱了他的衣服，剖开他的肚子，把一卷书藏在里面，缝好就离开了。胡令能被吓醒，起来后发现自己完好无损，从此之后，他便会写诗了。

不懂就问：诗词中的思想感情主要有哪些？

诗词中的思想感情主要有不慕权贵、豪放洒脱、豪迈不羁、胸怀天下、忧国忧民、寄情山水、归隐田园、怀才不遇、壮志难酬、矢志报国、慷慨愤世、思念故乡、献身边塞、反对征伐、爱恨情愁、建功立业、热爱山河、哀叹昔盛今衰等。

史海拾贝

晚年的唐宪宗李纯，遇到了历代皇帝们都会遇到的问题，皇位该传给谁？

这时的太子是三皇子李恒，李恒的母亲是郭子仪的孙女，

唐·孙位　高逸图（局部）（现藏于上海博物馆）

不论后宫还是朝堂，李恒一党的势力都很强大，唐宪宗不得不被牵制。

公元820年，年仅四十二岁、一直精力充沛的唐宪宗李纯在宫中暴毙。

他的死因，至今为止，在各类史书里，都没有明确记载。多次击退吐蕃安定边境，平定藩镇，统治大唐进入“元和中兴”时代的唐宪宗，死得不明不白。

贾岛

寻隐者不遇

松下问童子①，
言②师采药去。
只在此山中，
云深③不知处④。

文字注释

① 童子：男孩子，泛指儿童。这里指“隐者”的弟子、学生。
② 言：回答，说。
③ 云深：指山上云雾缭绕。
④ 处：行踪，所在。

白话译文

苍松下，我询问童子隐者的去处，他说师父到山中采药去了。只知道就在这座大山里，可山中云雾缭绕，不知道他的行踪。

作者档案

姓名	贾岛，字阆仙，一作浪仙	性格特点	人物印象
生卒时间	779—843	蔑视权贵，重情重义，刻苦认真，木讷执着。	论写诗天赋，贾岛或许不像其他诗人那样天赋异禀，但若论对诗的痴迷程度，他在当时无人可及。他的诗每字每句都反复推敲，力求完美，被世人称为“诗奴”。
籍贯	范阳（今河北涿州）		
身份	唐代诗人		
文学地位	与孟郊齐名，二人诗风被称为“郊寒岛瘦”		
别称	诗奴、苦吟诗人		
名言名句	十年磨一剑，霜刃未曾试。		

创作背景

贾岛去寻找朋友，他的朋友是个隐士，居住在深山之中。一路上，风景优美，空气清新，鸟语花香，清晨的雾气还没散去，贾岛带着一身泥泞来到朋友家。

门开了，却是一个童子，是朋友的弟子。贾岛问道：“小朋友，你家师父在家吗？”

童子回答道：“我师父上山采药去了，山上云雾缭绕，我也不知道他在哪里。”贾岛失望地离开了，留下了这首诗。

趣味故事

一天晚上，贾岛去长安郊外拜访朋友李凝。月光皎洁，池水微澜，贾岛敲响李凝家的房门，敲门声惊醒了树上的小鸟，很不巧，李凝不在家。

贾岛没办法，留下一首《题李凝幽居》之后离开。这首诗里有一句“鸟宿池边树，僧推月下门”，贾岛觉得推这个字用得不够妥帖，或许改用“敲”更恰当些。

第二天，还在思考这件事的贾岛骑着小毛驴，在大街上晃悠，一边吟哦，一边做着敲门、推门的动作，直接魔怔了。

由于他太过投入，没有注意周围的环境，简直闯入了韩愈的仪仗队。韩愈很是好奇，这人是被什么迷住了？贾岛就把这事告诉了韩愈，韩愈没有责怪贾岛，反而和他兴致勃勃地讨论起来。

韩愈思考良久后，对贾岛说道：“还是‘敲’字好些。月夜访友，敲门代表你是一个有礼貌的人！而且一个‘敲’字，使夜静更深之时多了几分声响。静中有动，岂不更好？”

贾岛连连点头，表示赞同，两人从此成为朋友。

不懂就问：什么是“郊寒岛瘦”？

“郊”指孟郊，“岛”指贾岛，二人以苦吟著称。孟郊、贾岛的诗风清奇悲凄、幽峭枯寂，讲究推敲，锤炼字句，往往让人觉得寒瘦窘迫。“郊寒岛瘦”本来指孟郊、贾岛的诗歌风格，后来被用来形容诗文中类似的意境风格。

唐·孙位　　高逸图（局部）（现藏于上海博物馆）

史海拾贝

公元820年，太子李恒在宦官拥立下，登基为帝，即唐穆宗。唐穆宗登基后，纵情享乐，毫无节制。他大兴土木，劳民伤财，谁劝都不听。

当时边疆战事吃紧，少数民族引兵犯境，唐穆宗一点也不在乎。大臣们劝他要居安思危，不要只顾玩乐，才二十多岁，正是干大事的时候。唐穆宗依旧不当回事，还说："我听说百官公卿在外面也经常欢宴啊，这说明国家富强，天下太平，我感觉很安慰。"

李贺

马诗

大漠[1]沙如雪，
燕山[2]月似钩[3]。
何当[4]金络脑[5]，
快走踏[6]清秋[7]。

文字注释

① 大漠：广大的沙漠。

② 燕山：指燕然山，这里借指边塞。

③ 钩：古代的一种兵器，形似月牙。

④ 何当：何时将要。

⑤ 金络脑：用黄金装饰的马笼头。

⑥ 踏：走，跑。此处有奔驰之意。

⑦ 清秋：清朗的秋天。

白话译文

广阔沙漠在月光下像铺上一层白皑皑的霜雪。连绵的燕然山山岭上，一弯明月当空，如弯钩一般。何时才能给我这匹骏马佩戴上黄金打造的马笼头，在秋高气爽的疆场上驰骋，建功立业呢？

作者档案

<table>
<tr><th>姓名</th><th>李贺，字长吉</th><th>性格特点</th><th>人物印象</th></tr>
<tr><td>生卒时间</td><td>790—816</td><td rowspan="7">志向远大，勤奋好学。</td><td rowspan="7">李贺七岁便成名，十五岁就名扬天下。他学习刻苦，与李白、杜甫齐名，诗风独特浪漫，一句“天若有情天亦老”为后人争相引用。可惜，这样一位天才，却命途坎坷，在困顿与愤懑之中英年早逝！</td></tr>
<tr><td>籍贯</td><td>福昌（今河南宜阳）</td></tr>
<tr><td>身份</td><td>唐代中期浪漫主义诗人</td></tr>
<tr><td>文学地位</td><td>中唐到晚唐诗风转变期的代表人物</td></tr>
<tr><td>别称</td><td>诗鬼、李昌谷</td></tr>
<tr><td>名言名句</td><td>衰兰送客咸阳道，天若有情天亦老。</td></tr>
</table>

创作背景

公元810年，在韩愈的劝说下，李贺参加河南府试，作出《河南府试十二月乐词并闰月》一诗，成功晋级，年底就可以去长安参加进士考试。

可是李贺的才华遭到了小人的嫉妒，被百般刁难，不让李贺参加进士考试，连韩愈为李贺辩解都不管用。

这件事对李贺的打击很大，写出《马诗二十三首》，以马来表现志士的奇才异质、远大抱负以及不遇于时的感慨与愤懑，本诗便是其中之一。

趣味故事

李贺写诗通常不急着立题，而是先在生活中发现题材、挖掘题材。闲暇时候，李贺就会骑上瘦马，带着家里小童子，到处寻找灵感。

一旦他灵光一闪，想到好点子或者好句子，就会马上记录下来，放到小童子拿着的锦囊里。等到晚上回家时，锦囊里已经留下他的很多灵感、美句。李贺饭都来不及吃，就把这些断章零句加工成一首首脍炙人口的诗作。

不懂就问："韩孟"诗派指的是谁?

"韩孟"诗派是在唐代元和年间形成的，以韩愈、孟郊为代表的诗歌流派。主要成员有贾岛、李贺等人。这个流派的诗歌特点：一是在审美理想上以雄奇光怪为美；二是主张诗歌应该抒发愤郁，具体表现在诗境上的险怪，喜用奇字、生僻字。韩孟诗派既有革新诗风、另辟新境的贡献，也有喜欢走极端，晦涩难懂的坏处。

唐·韩干　　圉人呈马图（局部）（现藏于美国大都会艺术博物馆）

史海拾贝

唐穆宗李恒在位时期，任用萧俛、段文昌为宰相，这两个人碌碌无为，没有什么才干，他们认为藩镇割据已经完全解决了，应该减少军队的数量，建议颁布诏令，让军队每年在一百人中选出 8 人，取消兵籍。

被选中的军士没地方去，又因为多年从军，没法从事其他职业，只好躲在深山老林之中。不久之后，河朔三镇再次发动叛乱，躲藏在深山里的军士们纷纷归附三镇。

雁门太守行①

黑云压城②城欲摧③，甲光④向⑤日金鳞开⑥。
角⑦声满天秋色里，塞上燕脂凝夜紫⑧。
半卷红旗临⑨易水⑩，霜重鼓寒声不起⑪。
报⑫君黄金台⑬上意⑭，提携玉龙⑮为君死。

文字注释

① 雁门太守行：乐府曲名。

② 黑云压城：比喻敌军攻城的气势。

③ 摧：坍塌。

④ 甲光：铠甲迎着（云缝中射下来的）太阳光。甲，铠甲，战衣。

⑤ 向：对着，向着。

⑥ 金鳞开：如金色鳞片般闪闪发光。开，打开，铺开。

⑦ 角：军中的号角。

⑧ 塞上燕脂凝夜紫：边塞将士的血迹在寒夜中凝为紫色。燕脂，胭脂，色深红。此句中“燕脂”“夜紫”皆形容战场血迹。

⑨ 临：逼近，临近。

⑩ 易水：河名，发源于河北易县。战国时荆轲《易水歌》：“风萧萧兮易水寒，壮士一去兮不复还。”这里是借荆轲的故事来表达悲壮。

⑪ 不起：形容鼓声低沉，不响亮。

⑫ 报：报答。

⑬ 黄金台：相传战国时燕昭王在易水东南筑台，上面放着千金，用来招揽天下贤士。

⑭ 意：信任，重用。

⑮ 玉龙：指宝剑。传说晋代雷焕曾得玉匣，内藏二剑，后入水化为龙。

白话译文

敌兵滚滚而来，犹如黑云翻卷，城墙仿佛将要坍塌；战士的铠甲在阳光照耀下金光闪烁。号角声响彻秋夜的长空，边塞将士的血迹在寒夜中凝成暗紫色。红旗半卷，援军赶赴易水；夜寒霜重，鼓声郁闷低沉。只为报答君王的恩遇，手携宝剑甘愿为国血战到死！

创作背景

关于《雁门太守行》的写作背景，一直有两种说法。其一是创作于公元 814 年，雁门郡发生叛乱，唐宪宗任命张煦为节度使，领兵前往雁门郡平乱，李贺写下这首诗鼓舞士气。其二是这首诗是李贺在公元 807 年送给韩愈的，韩愈是一个爱才的人，对李贺的帮助很多，韩愈看过这首诗后也很欣赏。

趣味故事

李商隐写的《李贺小传》里记载着一则故事：李贺病入膏肓的时候，忽然看见一个身穿绯色衣服，骑着赤龙，手里拿着太古篆字笏板的神人来到他家。

李贺知道他是来带走自己的，他拖着病躯挣扎着起身，给神人磕头说："我的母亲年纪大了又疾病缠身，我还得照顾老母，实在走不开，要不就算了吧。"

神人笑道："天帝建成一座白玉楼，想请你去写一篇赞文。再说了，天上的生活一点都不苦，快跟我走吧。"李贺在大哭一场后，便去世了。

李商隐在书中还写道，李贺家的邻居们都看到了，不是他编的。

不懂就问：李贺的诗歌风格为什么是“长吉体”？

李贺字长吉，诗歌风格属于“韩孟”诗派，但与同派的其他诗人相比，李贺又有着自己独特的风格。“长吉体”具有一种奇崛幽峭、秾丽凄艳的浪漫主义特点。

长吉体的特色首先是题材构思独特，李贺善于运用神话传说进行创作；其次是想象特别丰富；再次是意象连缀，跌宕起伏，斑斓杂陈；最后是语言奇诡，常用“泣”“冷”“血”等字眼，容易给读者造成一种强烈的刺激。

史海拾贝

公元 822 年，唐穆宗李恒在宫里和太监们打马球，一个太监突然从马上摔下来，惊马竟然把李恒吓到中风了！

李恒中风后，身体一直没有恢复，才二十多岁就感到了死亡的可怕，于是他开始热衷于长生不老，迷恋上了金石之药。公元 824 年，李恒还没等到丹药毒发，就驾崩了，死的时候还不满二十九岁。

许浑

咸阳[1]城东楼

一上高城万里愁，蒹葭[2]杨柳似汀洲[3]。
溪[4]云初起日沉阁[5]，山雨欲来风满楼。
鸟下绿芜秦苑夕，蝉鸣黄叶汉宫秋。
行人[6]莫问当年事[7]，故国东来渭水流。

文字注释

①咸阳：秦代都城，在今陕西咸阳东北。

②蒹葭：芦苇。

③汀洲：水中的小洲。

④溪：这里指咸阳城南的磻溪。

⑤阁：指咸阳城西的燕福寺。

⑥行人：这里指作者自己。

⑦当年事：指秦汉灭亡的往事。

白话译文

登上高楼后，万里乡愁油然而生，眼中芦苇、杨柳仿佛是家乡的沙洲。溪云突起，红日沉落在慈福寺外，山雨未到狂风已吹满咸阳楼。夕照下，飞鸟落在长着绿草的秦苑中，秋蝉也在挂着黄叶的汉宫中鸣叫着。不要问当年兴亡之事，只见渭水一如既往向东奔流。

作者档案

<table>
<tr><td>姓名</td><td>许浑，字用晦</td><td>性格特点</td><td>人物印象</td></tr>
<tr><td>生卒时间</td><td>约 791—约 858</td><td rowspan="6">不关注现实，生活态度比较消沉。</td><td rowspan="6">许浑一生都不写古诗，专攻律诗体裁，怀古诗和田园诗写得比较好。</td></tr>
<tr><td>籍贯</td><td>丹阳（今属江苏）</td></tr>
<tr><td>身份</td><td>唐代诗人</td></tr>
<tr><td>文学地位</td><td>晚唐最具影响力的诗人之一</td></tr>
<tr><td>别称</td><td>许丁卯</td></tr>
<tr><td>名言名句</td><td>行人莫问当年事，故国东来渭水流。</td></tr>
</table>

创作背景

唐朝末期，大唐王朝已经处于风雨飘摇之际，政治非常腐败，农民起义此起彼伏。许浑时任监察御史，在一个秋天的傍晚，登上咸阳古城楼观赏风景。秋晚登临，自然免不了有岁月蹉跎、老大徒伤悲的慨叹，于是即兴写下了这首诗。

趣味故事

许浑是晚唐时期最有争议的一位诗人，一方面认为他可以与杜甫齐名，并以“许浑千首诗，杜甫一生愁”来评价他的作品；另一方面对他的诗评价比较低，认为他的诗情绪消沉，内容单调，意境重复。无论评价如何，许浑都是晚唐历史上最具影响力的诗人之一，也是晚唐时期不能被忽视的诗人之一。

不懂就问：许浑的诗中为什么多次出现“水”的意象？

“水”这个意象在诗词中，常代表离别之愁、思乡之愁、失意之愁、郁郁不得志。水剪不断、永不停歇的特点，与无穷无尽的离愁别绪刚好吻合，因此，水常常饱含着诗人的哲理性思考，承载着诗人永恒与无限的悲情。

史海拾贝

公元 824 年，皇太子李湛登基，史称唐敬宗。唐敬宗和他父皇如出一辙，甚至有过之而无不及，奉行一个人生宗旨：及时行乐！他连皇帝例行的早朝都懒得上，每天不是打马球，就是跑出宫去打猎，还在宫中举办“运动会”，花样繁多。大臣们的劝谏他是一点也不听。

唐敬宗还任由宰相李逢吉勾结宦官王守澄。李逢吉品性忌刻，险谲多端，是“牛李党争”中牛党的代表人物，他和王守澄一起排除异己、祸乱朝纲，连名臣裴度都被他们排挤。

杜牧

山行①

远上②寒山③石径④斜，
白云生⑤处有人家。
停车坐⑥爱枫林晚⑦，
霜叶⑧红于⑨二月花。

文字注释

① 山行：在山中行走。

② 远上：延伸到远处。

③ 寒山：深秋时节的山。

④ 石径：石子铺成的小路。

⑤ 生：产生，生出。

⑥ 坐：因为。

⑦ 枫林晚：傍晚时的枫树林。

⑧ 霜叶：枫树的叶子经深秋寒霜之后变成了红色。

⑨ 于：比。

白话译文

石子铺成的小路远远地伸至深秋的山巅，在白云升腾的地方隐隐约约有几户人家。停下马车来是因为喜爱深秋傍晚时的枫树林，霜染后枫叶那鲜艳的红色胜过二月春花。

作者档案

<table>
<tr><th>姓名</th><th>杜牧，字牧之</th><th>性格特点</th><th>人物印象</th></tr>
<tr><td>生卒时间</td><td>803—852</td><td rowspan="7">性格刚直，不拘小节，不喜欢溜须拍马。</td><td rowspan="7">杜牧是晚唐时期的文学多面手，在诗、赋、古文等方面都是名家，主张写文章以意为主，以气为辅，能吸收、融合前人的长处，形成自己特殊的风格，杜牧的诗歌题材广泛，笔力峭健。</td></tr>
<tr><td>籍贯</td><td>京兆万年（今陕西西安）</td></tr>
<tr><td>身份</td><td>唐代文学家</td></tr>
<tr><td>文学地位</td><td>与李商隐齐名，合称“小李杜”</td></tr>
<tr><td>别称</td><td>杜樊川</td></tr>
<tr><td>名言名句</td><td>江东子弟多才俊，卷土重来未可知。</td></tr>
</table>

创作背景

杜牧有一次秋天登山，见到一条弯弯曲曲的小路蜿蜒伸向山顶，山势幽深平缓，顺着山路一直向上看过去，在白云飘浮的地方，有几处山石砌成的石屋，白云仿佛从山岭中生出来一样，云的淡白与山的苍翠互相映衬。可是，那些山路、白云、都没有使杜牧心动,反而是枫林晚景使得他惊喜之情难以抑制，在夕阳晚照下，枫叶流丹、层林尽染，比江南二月的春花还要火红、艳丽。

趣味故事

在杜牧参加科考的这一年，主考官是崔郾。在科考开始之前，翰林学士吴武陵找到崔郾，向他推荐杜牧。“前些日子，我偶然发现一些太学生在讨论杜牧写的《阿房宫赋》，这篇文章写得真好。” 随后便一字一句诵读，崔郾听后称赞不已。吴武陵便要求崔郾在接下来的考试中将杜牧评为状元，崔郾有些为难，状元早就定了别人。吴老先生有些遗憾地说：“那就退一步，第五名吧。”崔郾只得答应。

喝酒的同僚问吴武陵来做什么。崔郾回答说：“吴老向我推荐了杜牧”。旁边的人说：“听说杜牧这人，才气是有，只是不拘小节，喜欢烟花风月。”崔侍郎为难地说：“我已经答应了人家，即使杜牧是个屠夫或卖酒的小贩，我也不会改变了。”

果然，在公元828年，杜牡在洛阳就真考中了进士第五名。

不懂就问：诗词中常见送别类意象有哪些?

杨柳、柳树，古人有折柳送别的习俗，比如王维的“渭城朝雨浥轻尘，客舍青青柳色新”。

长亭，蕴含着依依惜别之情的意象。古代的路旁置有亭子，供行人停息或饯别送行。比如柳永的“寒蝉凄切，对长亭晚”等。

酒，在排解愁绪之外，还饱含着深深的祝福。诗人喜欢将美酒和离情联系在一起，比如王维的“劝君更尽一杯酒，西出阳关无故人”。

史海拾贝

唐敬宗李湛近乎疯狂地玩乐，让别人不禁对他动起了歪心思，染署役夫张韶和算命先生苏玄明便是其中之一，他们觉得唐敬宗如此荒唐都能当皇帝，他们也可以。

于是两人聚集百余乌合之众，企图占领皇宫，没想到竟然轻易潜入宫中，杀了不少宦官。不过这群人很快就尽数被诛灭。

唐敬宗的胆子比他父亲要大得多，没有被吓到，反而更加肆无忌惮，对宦官们轻则辱骂，重则捶挞，搞得这些人满怀畏惧、心中怨愤。

清明①

清明时节雨纷纷②，
路上行人欲断魂③。
借问④酒家何处有？
牧童遥指杏花村⑤。

文字注释

① 清明：我国传统节日，有扫墓、踏青等习俗。

② 纷纷：形容多。

③ 欲断魂：形容很伤感。断魂，形容失魂落魄的样子。

④ 借问：请问。

⑤ 杏花村：杏花深处的村庄。受此诗影响，后人多用“杏花村”作为酒店名。

白话译文

清明时节，阴雨连绵，飘飘洒洒下个不停，路上行人情绪低落，失魂落魄。向当地人打听哪里可以买酒浇愁？牧童指了指远方杏花深处的山村。

创作背景

这一天正是清明节，虽然是柳绿花红、春光明媚的时节，杜牧在路上行走，细雨纷纷，杜牧心境凄冷，愁绪难遣，写下了这首诗。

趣味故事

那年，朝廷新科进士相约到曲江游玩。杜牧他们一行三五人来到曲江寺院，正巧碰见一位打坐的僧人，便交谈起来。僧人问杜牧怎么称呼，杜牧以为自己已经名动天下了，得意地报上大名。没想到僧人面色平静，根本不知道杜牧是谁，这让杜牧十分失落，便吟了一首诗："家住城南杜曲旁，两枝仙桂一时芳。禅师都未知名姓，始觉空门意味长。"

不懂就问：诗词中常见的思乡类意象有哪些？

鸿雁，代指书信，常常会引起游子思乡怀亲和羁旅伤感之情。比如晏殊的"鸿雁在云鱼在水，惆怅此情难寄"。

月亮，象征思乡、思念亲人。比如杜甫的"露从今夜白，月是故乡明"。也表示亡国之痛，比如李煜的"小楼昨夜又东

唐·李昭道　　松荫图（现藏于美国弗利尔美术馆）

风，故国不堪回首月明中”。另外，月亮也可以用来抒发盛衰无常、物是人非的感慨，比如刘禹锡的“淮水东边旧时月，夜深还过女墙来”。

莼羹鲈脍、莼鲈之思。传说晋朝的张翰当时在洛阳做官，思念家乡的美味“莼羹鲈脍”，便毅然弃官归乡，从此引伸出“莼鲈之思”这个表达思乡之情的成语。现在常用莼羹鲈脍、莼鲈之思借指思乡之情。

史海拾贝

唐宝历二年（826）十二月初八，唐敬宗又一次外出打猎回来，和一帮宦官们开心喝酒，喝醉了就躺到床上休息。宦官刘克明、苏佐明等人趁着夜色，杀死了不喜欢治国理政、沉迷于吃喝玩乐的唐敬宗，此时唐敬宗年仅十七岁。

江南春

千里莺啼①绿映红，
水村山郭②酒旗③风。
南朝④四百八十寺⑤，
多少楼台⑥烟雨⑦中。

文字注释

① 莺啼：即莺啼燕语。

② 山郭：山城，山村。

③ 酒旗：酒招子，酒馆外悬挂的旗子之类的标识。

④ 南朝：公元420—589年先后建都于建康（今江苏南京）的宋、齐、梁、陈四个朝代的总称。

⑤ 四百八十寺：“四百八十”是虚指，形容寺院很多。

⑥ 楼台：楼阁亭台，此处指寺院建筑。

⑦ 烟雨：细雨蒙蒙，如烟如雾。

白话译文

江南大地莺啼燕语，绿草红花相映，水边村寨和山里城镇处处酒旗飘动。南朝遗留下的数量众多的古寺，如今有多少笼罩在这蒙蒙的烟雨之中。

创作背景

晚唐时期的几位皇帝提倡佛教，使得僧尼之数继续上升，寺院经济持续发展，逐渐削弱了政府的实力，加重了朝廷的负担。杜牧来到江南，不禁联想到当年南朝事佛的虔诚，到头来却是一场空，不仅没有求得长生，反而误国害民。想到这些，杜牧咏史怀古，算是对统治者委婉的劝诫。后来唐武宗发动“会昌灭佛”，从一定程度上缓和了矛盾。

趣味故事

杜牧进士及第后，去了当时的洪州，开始了长达十多年的幕府生涯。当时的江西观察使是沈传师，沈家与杜家为世交，沈氏兄弟都是文学爱好者，对当时的知名文人都很眷顾。杜牧与沈家来往密切，认识了沈家一位名叫张好好的女子。后来，沈传师的弟弟沈述师纳了张好好为妾。

时隔几年，杜牧在洛阳与张好好不期而遇，此时张好好已经沦落为他乡之客，当垆卖酒为生。杜牧感慨万分，写了一首

《张好好诗》，这首诗不仅文笔清秀，书法更是飘逸，为杜牧赢得了书法家的美名。

不懂就问：诗词中常见愁苦类意象有哪些？

梧桐是凄凉悲伤的象征。比如宋代李清照的“梧桐更兼细雨，到黄昏，点点滴滴”。

芭蕉常与孤独忧愁特别是离情别绪相联系。比如李清照的“窗前谁种芭蕉树，阴满中庭。阴满中庭。叶叶心心，舒卷有余情”。

流水经常和绵绵的愁丝连在一起，多传达人生苦短、命运无常的感伤与哀愁。比如刘禹锡的“花红易衰似郎意，水流无限似侬愁”。

猿猴常被用来表达一种悲伤的感情。比如郦道元的“巴东三峡巫峡长，猿鸣三声泪沾裳”。

杜鹃鸟是凄凉、哀伤的象征。比如李白的“又闻子归啼夜月，愁空山”。

斜阳（夕阳、落日）也多传达凄凉失落、苍茫沉郁之情。比如王维的“大漠孤烟直，长河落日圆”。

史海拾贝

公元 826 年，宦官刘克明等人杀害唐敬宗李湛之后，由于唐敬宗没有子嗣，他们伪造遗旨，想拥立李湛的六弟绛王为帝。另一派宦官王守澄、梁守谦等人找准时机，杀死刘克明和绛王，

唐·李昭道　　岳阳楼图（现藏于台北故宫博物院）

拥立李湛的二弟李昂为帝，改年号为“太和”，史称唐文宗。

827 年，唐文宗即位不久，沧景节度使李全略的儿子李同捷窃取兵权，想继承父亲的职位，被朝廷举兵讨伐，在 828 年投降。沧景之乱虽然平定，但此时朝中政权乃至皇帝的生死废立全操纵在宦官手中。官员们各有朋党，互相攻击，众多清廉有志之士都成了党派之争的牺牲品，一片混乱。

泊①秦淮②

烟③笼寒水月笼沙，
夜泊秦淮近酒家。
商女④不知亡国恨，
隔江犹唱后庭花⑤。

文字注释

① 泊：停泊。

② 秦淮：即秦淮河，长江下游支流，相传是秦时为疏通淮水开凿。秦淮河流经的南京夫子庙一带，在六朝时十分繁华。

③ 烟：烟雾。

④ 商女：歌女。

⑤ 后庭花：曲名，《玉树后庭花》的简称。南朝陈亡国之君陈叔宝所作，后世多称之为亡国之音。

白话译文

迷离月色和轻烟笼罩着寒水和白沙，夜晚把船停泊在秦淮河岸边靠近酒家的地方。卖唱的歌女不懂什么叫亡国之恨，隔着江水仍在高唱着亡国之音《玉树后庭花》。

创作背景

杜牧前期比较关心政治，他看到朝廷腐朽昏庸，藩镇拥兵自重，边患频繁，感到社会危机四伏，认为唐王朝前景可悲，写了许多具有现实意义的诗篇。

秦淮河两岸历来是达官贵人们享乐游宴的主要场所，杜牧夜泊于此，看到灯红酒绿，耳闻亡国之音，触景生情，又想到唐朝国势日衰，当权者昏庸无能，便感慨万千写了这首诗。

趣味故事

在五代时人王定保所著《唐摭言·卷十三》中，还纪录了一件“赌酒取姬”的趣事。

杜牧跟著名诗人张祜关系很好。有一次，张祜去官府赴宴，看到杜牧也在，酒过三巡之后，两人同时喜欢上了宴会上一位漂亮的女子，就用赌骰子论输赢的方式来决定谁去追

唐·周昉　调琴啜茗图（局部）（现藏于美国密苏里州堪萨斯市纳尔逊－艾金斯艺术博物馆）

这个女子。杜牧开始吟道："骰子逡巡裹手拈，无因得见玉纤纤。"张祜一听，也不甘示弱："但知报道金钗落，仿佛还因露指尖。"语音刚落，两人就相视而笑，反而把原本追女孩的事给忘了。

不懂就问：诗词中常见抒怀类意象有哪些?

菊花表示坚强的品格、清高的气质。比如陶渊明的"采菊东篱下，悠然见南山"。

梅花表示坚强、不屈不挠的品格。比如王安石的"遥知不是雪，为有暗香来"。

松柏用来歌颂坚贞不屈的品格，形象鲜明，意境高远。比如李白的"愿君学长松，慎勿作桃李"。

冰雪的晶莹常比喻心志的忠贞、品格的高尚。比如王昌龄的"洛阳亲友如相问，一片冰心在玉壶"。

史海拾贝

唐文宗李昂博览群书，恭俭儒雅，不好女色，执政勤勉，提倡节俭，革除奢靡之风，下令停废许多劳民伤财之事，致力于复兴王朝。

唐朝末期，朝政依然被宦官控制，当时朝中宦官仇士良等人权势滔天，祸乱朝政。李昂企图消灭宦官势力，发动"甘露之变"，事败后遭到软禁。

赤壁

折戟①沉沙铁未销②，
自将③磨洗④认前朝⑤。
东风⑥不与周郎⑦便，
铜雀⑧春深锁二乔⑨。

文字注释

① 折戟：折断的戟。戟，古代兵器。

② 销：销蚀。

③ 将：拿，取。

④ 磨洗：磨光洗净。

⑤ 认前朝：辨认出是前朝的遗物。前朝，这里指赤壁之战的时代。

⑥ 东风：指周瑜和诸葛亮在赤壁借东风破曹军的故事。

⑦ 周郎：即周瑜（175—210），字公瑾，庐江舒县（今安徽庐江西南）人，东汉末孙权、孙策手下的重要将领。他曾利用东风之势火烧赤壁，大败曹军。

⑧ 铜雀：即铜雀台。曹操建于邺城（今河北临漳西），因楼顶铸有大铜雀而得名。

⑨ 二乔：即江东乔公的两个女儿，东吴美女，被称为大乔、小乔。大乔嫁给孙策，小乔嫁给周瑜。

白话译文

一支折断了的铁戟沉没在水底沙中，还没销蚀掉，经过磨洗发现这是当年赤壁之战的遗物。假如东风不给周瑜方便，结局恐怕是曹操取胜，二乔被关进铜雀台了。

创作背景

赤壁之战中，孙权、刘备联军击败了曹操，而周瑜是这次战役中的头号风云人物。杜牧经过赤壁战场，有感于三国时代的英雄成败，写了这首诗。在这首诗中，杜牧把周瑜在赤壁之战中取得的胜利，归之于偶然的东风。他之所以这样写，恐怕是借史事抒发胸中的抑郁不平。

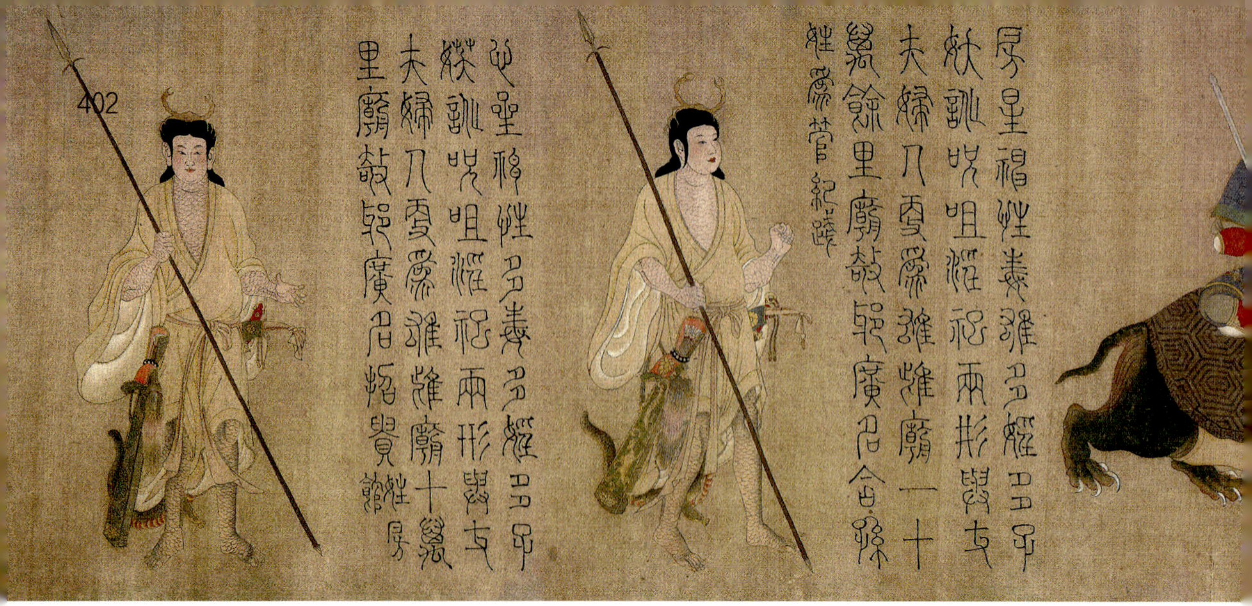

唐·梁令瓒　星宿图（宋摹本局部）（现藏于故宫博物院）

趣味故事

杜牧临死之前，知道自己大限将至，为自己写了墓志铭。这篇墓志铭文笔平平无奇，丝毫显示不出杜牧的才华。写完墓志铭后，杜牧将自己关在家里，找出自己之前写的文章，大部分焚烧了，只吩咐留下小部分。

不懂就问：诗词中常见爱情类意象有哪些？

红豆常用来象征爱情或相思，比如王维的“红豆生南国，春来发几枝”。

莲花也用来表达爱情，比如南朝乐府《西洲曲》：“采莲南塘秋，莲花过人头。低头弄莲子，莲子清如水。”

连理枝、比翼鸟常用来比喻恩爱夫妻，比如白居易的“在

天愿作比翼鸟，在地愿为连理枝”。

史海拾贝

唐文宗继位之后，不甘心长期受宦官的摆布，便以观露为名，联合李训和郑注两位大臣，将宦官的头目仇士良骗到禁卫军的后院，欲除之而后快，可惜被仇士良发觉。双方经过激烈的斗争，结果朝廷的重要官员被宦官一派杀死，那些官员的家人也受到牵连，这次事变先后死了一千多人，史称“甘露之变”。

经过这次事变，宦官们更加团结一致。为了抵抗宦官专权，朝廷不得不求助于藩镇，希望可以借助他们的势力消灭宦官的势力。藩镇的势力越来越大，为晚唐藩镇和宦官冲突埋下了种子。

温庭筠

商山①早行

晨起动征铎②，客行悲故乡。
鸡声茅店月，人迹板桥霜。
槲③叶落山路，枳④花明驿墙。
因思杜陵梦⑤，凫雁⑥满回塘⑦。

文字注释

①商山：山名，今陕西商洛东南。

②动征铎：震动出行的铃铛。铎，大铃。

③槲：一种落叶乔木。

④枳：一种落叶灌木或小乔木。

⑤杜陵梦：杜陵，地名，在今陕西西安东南。诗人曾自称为“杜陵游客”，这里的“杜陵梦”当是思乡之梦。

⑥凫雁：凫，野鸭。雁，一种候鸟，春往北飞，秋往南飞。

⑦回塘：边沿曲折的池塘。

白话译文

黎明起床，车马的铃铛已叮当作响，出门人踏上旅途，一心想念故乡。鸡鸣声嘹亮，茅草店沐浴着晓月的余晖；覆盖着早春寒霜的木板桥上足迹凌乱。

枯败的槲叶落满了荒山的野路，枳花鲜艳地开放在驿站墙边。想起在杜陵时的思乡之梦，梦中一群群野鸭候鸟，正在池塘中嬉戏。

作者档案

姓名	温庭筠，本名岐，字飞卿	性格特点	人物印象
生卒时间	约 801—866	颇有天赋，文思敏捷。	温庭筠的诗与李商隐齐名，称为“温李”。他的诗辞藻华丽，内容多写闺情。他的词刻意求精，注重文采和感情，成就在晚唐诗人之上，是“花间派”首要词人，对词的发展影响很大。在词史上，与韦庄齐名，并称“温韦”。
籍贯	太原祁（今山西祁县）		
身份	唐代诗人、词人		
文学地位	“花间派”代表人物		
别称	温八叉、温八吟		
名言名句	鸡声茅店月，人迹板桥霜。		

创作背景

温庭筠曾经担任隋县的县尉，从长安去隋县，要经过商山。这首诗大概是温庭筠离开长安经过商山时所写。温庭筠虽是山西人，但长期在杜陵居住，已经将杜陵视为故乡。早前的温庭筠屡次科考不中，年近五十岁又为生计所迫去当县尉，这个官职很低，因此温庭筠谈不上有什么好心情，去到别的地方，自然也免不了怀乡之情。

趣味故事

唐代进士考试中有一项是诗赋，主要是检验考生对文字的驾驭能力。考试那天，会给每个考生发三根大蜡烛，三根蜡烛烧完，要写完八韵的诗赋，可是三根蜡烛烧完了，没写完八韵赋的考生大有人在。温庭筠文思敏捷，他考试时，根本不用打草稿，八叉手即成八韵，所以又叫温八叉。

不懂就问：什么是“花间派”？

“花间词派”产生于晚唐五代时期，是中国古代诗词学流派之一。有一本《花间集》收录了温庭筠、韦庄等人的词作，这些人风格相似，词风近似，词作内容大多都是歌咏旅愁闺怨、合欢离恨。

史海拾贝

唐文宗李昂想要立侄子晋王李普为太子，但是李普夭折了。又想立长子李永为太子，没想到，李永也夭折了。最后立唐敬宗幼子李成美为太子。

公元 840 年，唐文宗李昂久抑成病，不能下床。宦官仇士良等人伪造遗诏，废太子为陈王，拥立李昂的弟弟颍王李炎为皇太弟，负责处理军国大事。李昂听到这个消息，有心改变，却也无可奈何，群臣更是没人敢反对。

公元 840 年，李昂带着无限惆怅与痛楚在太和殿中与世长辞，享年三十一岁。

李商隐

嫦娥①

云母屏风②烛影深③，
长河④渐落晓星⑤沉。
嫦娥应悔偷灵药⑥，
碧海青天⑦夜夜心⑧。

文字注释

① 嫦娥：神话里月宫中的仙女。

② 云母屏风：以云母石制作的屏风。

③ 深：暗淡。

④ 长河：银河。

⑤ 晓星：晨星。

⑥ 灵药：指长生不死药。

⑦ 碧海青天：指嫦娥的枯燥生活，只能见到碧色的海，深蓝色的天。

⑧ 夜夜心：指嫦娥每晚都会感到孤单。

白话译文

在云母屏风后悄然独坐，残烛的光影幽深。长长的银河已逐渐斜落，晨星渐渐隐没低沉。嫦娥也许会悔恨当年偷吃了长生不死药，如今只能见到碧色的海，深蓝色的天，一夜复一夜煎熬着孤寂的心。

作者档案

<table>
<tr><td>姓名</td><td>李商隐，字义山，号玉谿生</td><td>性格特点</td><td>人物印象</td></tr>
<tr><td>生卒时间</td><td>约 813—约 858</td><td rowspan="6">文思敏锐，善于创新，独树一帜。</td><td rowspan="6">在历史的洪流下，李商隐卷入“牛李党争”的政治旋涡，备受排挤，一生困顿不得志。他一生经历坎坷，有难言之痛、至苦之情，他将这些感受融入诗中。</td></tr>
<tr><td>籍贯</td><td>怀州河内（今河南沁阳）</td></tr>
<tr><td>身份</td><td>晚唐著名诗人</td></tr>
<tr><td>文学地位</td><td>唐代七律发展史上的第二座里程碑</td></tr>
<tr><td>别称</td><td>与杜牧合称“小李杜”</td></tr>
<tr><td>名言名句</td><td>庄生晓梦迷蝴蝶，望帝春心托杜鹃。</td></tr>
</table>

创作背景

这是一首咏嫦娥的诗，然而名家对诗人的创作契机看法不一。有人认为这首诗是歌咏意中人私奔，有人认为是歌咏李商隐处境孤寂，也有人认为是借咏嫦娥另外有所寄托，还有人认为是歌咏女子学道求仙。唐代道教盛行，女子入道成为当时的风气，入道之后，才体会到宗教清规对正常爱情生活的束缚，使人精神苦闷，此诗或是对她们处境与心情的真实写照。

趣味故事

李商隐三岁左右，随父李嗣赴浙。不到十岁，李嗣去世，李商隐只得随母还乡，过着艰苦清贫的生活。在家中李商隐是长子，因此背负了撑持门户的责任。李商隐在文章中提到自己在少年时期曾“佣书贩舂”，即为别人抄书挣钱，贴补家用。李商隐“五岁诵经书，七岁弄笔砚”，回乡后师从一位精通五经和小学的堂叔受经习文，至十六岁，因擅长古文而得名。此外，他还写得一手秀丽的工楷。

不懂就问：诗词中常见战争类意象有哪些?

投笔指弃文从武。比如辛弃疾的“莫学班超投笔，纵得封侯万里，憔悴老边州”。

柳营指军营。长城指守边的将领。比如陆游的“塞上长城空自许，镜中衰鬓已先斑”。

楼兰代指边境之敌，破（斩）楼兰指建功立业。比如王昌龄的“黄沙百战穿金甲，不破楼兰终不还”。

羌笛发出的凄切之音，常让征夫怆然泪下。比如王之涣的“羌笛何须怨杨柳，春风不度玉门关”。

史海拾贝

唐文宗死后，宦官仇士良拥立李炎称帝。登基之后，唐武宗提拔重用李党的首领李德裕，进一步削减了宦官仇士良的权力，尽管他对宦官有很多不满，但不像唐文宗那样采取极端措施，而是采取冷淡的手段。

李德裕越来越受到唐武宗的信任和重用，仇士良到处散布谣言，说李德裕要削减禁军的经费，想挑拨离间，没想到唐武宗站了出来，说这一切都是谣传，都是他的安排，那些将士们都被震慑住了，仇士良只好向唐武宗谢罪，以老病为由提出退职，李炎顺势解除了仇士良的兵权。

唐武宗削弱了宦官对禁军的控制权，对外战争取得胜利，对内平定了叛乱，各路藩镇都纷纷臣服，朝廷实施了一系列振兴举措，取得了一定政绩，史称“会昌中兴”。

夜雨寄北①

君②问归期③未有期，

巴山④夜雨涨秋池⑤。

何当⑥共⑦剪西窗烛⑧，

却话⑨巴山夜雨时。

文字注释

① 寄北：当时诗人在巴蜀，妻子在长安，所以说“寄北”。

② 君：对对方的尊称。

③ 归期：指回家的日期。

④ 巴山：泛指川东一带的山。川东一带古属巴国。

⑤ 秋池：秋天的池塘。

⑥ 何当：何时将要。

⑦ 共：一起。

⑧ 剪西窗烛：剪烛，剪去燃焦的烛芯，使灯光明亮。这里形容深夜秉烛长谈。

⑨ 却话：回头说，追述。

白话译文

你问我什么时候回家，我回家的日期定不下来。此时巴蜀夜雨绵绵不尽盛满秋池。我们何时才能一起坐在家里的西窗下，秉烛长谈，相互倾诉今宵巴山夜雨中的思念之情！

创作背景

这首诗是李商隐留滞在四川时，寄怀长安的妻子所作。因为长安在四川北面，故题作《夜雨寄北》。也有人说，这首诗的题目为《夜雨寄内》，意思是寄给妻子的。在这里，“北”指北方的人，可以指妻子，也可以是亲朋好友。

趣味故事

一群文人游玩时，有人建议以木兰为题作诗，大家一边喝酒一边吟诗作对。这时，突然出现一位贫穷的书生，说道：“洞庭波冷晓侵云，日日征帆送远人。几度木兰舟上望，不知元是此花身。”大家都感到惊奇，后来得知，这人是李商隐。

唐 · 荣阳　　竹图（现藏于日本东京国立博物馆）

不懂就问：诗词中常见闲适类意象有哪些？

“五柳”是隐者的代称。比如王维的“复值接舆醉，狂歌五柳前”。

“东篱”表现辞官归隐后的田园生活或娴雅的情致。比如李清照的“东篱把酒黄昏后，有暗香盈袖”。

“三径”用来指代隐士居住的地方。比如白居易的“明月好同三径夜，绿杨宜作两家春”。

史海拾贝

公元846年，宦官马元贽等拥立李忱登基，史称唐宣宗。唐宣宗继位之前，装疯卖傻几十年，宦官把他控制得死死的，以为他是一个可以被操控的皇帝，没想到唐宣宗继位后励精图治，先是贬谪李德裕，结束了将近40年的牛李党争；后打压宦官，不让他们的权力继续膨胀，还顺便把那些权贵外戚打击了一番。

唐宣宗对内勤俭治国，体恤民情，减轻赋税，大力选拔人才，使得唐朝有所起色，老百姓生活逐渐安稳，本就已经衰败的朝政出现了中兴的局面；对外方面，唐宣宗击败了吐蕃，安定了塞北，平定了安南，这一时期史称“大中之治”。唐宣宗也被老百姓称为“小太宗”，唐宣宗治理大唐的13年，算是晚唐兴盛的一次“昙花一现”。

贾生①

宣室②求贤访逐臣③，
贾生才调④更无伦。
可怜⑤夜半虚⑥前席⑦，
不问苍生⑧问鬼神。

文字注释

① 贾生：即贾谊（前200—前168），洛阳（今属河南）人，西汉政论家、文学家。

② 宣室：汉代未央宫前殿的正室。

③ 逐臣：被放逐的大臣。这里指曾被贬到长沙的贾谊。

④ 才调：才华。这里指贾谊的政治才能。

⑤ 可怜：可惜。

⑥ 虚：徒然。

⑦ 前席：指汉文帝在座席上向前移动，靠近贾谊，以便更好地倾听。

⑧ 苍生：指百姓。

白话译文

汉文帝为了求贤曾在未央宫前殿的正室里召见被逐之臣，论才华贾谊确实是高明无人能及。皇上问询到半夜，谈着谈着，双膝都挪到贾谊跟前，似乎很是虚心倾听，其实，他问的并不是天下百姓，而只不过是鬼神的事。

创作背景

晚唐时期，朝政衰败，皇帝昏庸，宦官当权，藩镇跋扈，李商隐对这些深为不满，还被卷入了“牛李党争”，屡受排挤，怀才不遇。于是，他借凭吊贾谊来抒发自己的感慨，通过讽刺汉文帝虽能求贤却又不知贤的行为，反映了晚唐的社会现实。晚唐的皇帝也像文帝一般，表面开明，其实昏聩无能。

趣味故事

大诗人白居易晚年非常喜欢李商隐的诗，相传他曾经开玩笑地说：“希望我下辈子能当你的儿子。”后来李商隐大

唐·吴道子　送子天王图（局部）（现藏于日本大阪市立美术馆）

儿子出世，取名叫白老，这个儿子不是很聪明。直到小儿子出生，非常聪明伶俐，大家都开玩笑说如果白居易真的投胎，小儿子才是。

不懂就问：诗词中常见的形象有哪些？

不慕权贵、豪放洒脱、傲岸不羁的形象，比如李白。胸怀天下、忧国忧民的形象，比如杜甫。寄情山水、归隐田园的隐者形象，比如王维。怀才不遇、壮志难酬的形象，比如陈子昂。矢志报国、慷慨愤世的形象，比如陆游。献身边塞、反对征伐的形象，比如王昌龄，等等。

史海拾贝

唐宣宗晚年，大唐已经开始出现乱象。公元 859 年，民变爆发，之后的唐懿宗和唐僖宗都是有名的昏君，各种战争接二连三发生，大唐的政治和经济急速衰退。

公元 878 年到 884 年，出生在盐商家庭的黄巢起义反唐。黄巢带领部下，采取流动作战的方式，转战唐朝的大部分地区，彻底动摇了大唐的统治。但是他们长期流动作战，没有稳定的后方，缺乏群众基础和经济保障，最后以失败告终。

“黄巢起义”是唐朝末期的民变中，耗时最久、范围最广的一次农民起义，这次起义导致唐朝国力大大衰弱。经过黄巢起义的打击，唐朝统治已经名存实亡。

无题[1]

相见时难别亦难，东风[2]无力百花残[3]。

春蚕到死丝[4]方尽，蜡炬[5]成灰泪[6]始干。

晓镜[7]但愁云鬓改[8]，夜吟应觉[9]月光寒[10]。

蓬山[11]此去无多路，青鸟[12]殷勤[13]为探看[14]。

文字注释

① 无题：唐代以来，有的诗人不愿标出诗的题目，常用无题当成诗的标题。

② 东风：春风。
③ 残：凋零。
④ 丝：这里与“思”字谐音。
⑤ 蜡炬：蜡烛。
⑥ 泪：蜡烛燃烧时流下的烛油，称为蜡泪。
⑦ 镜：照镜子。
⑧ 云鬓改：意思是青春年华消逝。云鬓，指年轻女子的秀发。
⑨ 应觉：应该感到。
⑩ 月光寒：指月色清寒。
⑪ 蓬山：神话中海上的仙山。这里借指所思女子的住处。
⑫ 青鸟：神话中为西王母传信的神鸟。后为信使的代称。
⑬ 殷勤：情意恳切深厚。
⑭ 探看：探望，看望。

白话译文

见面的机会真是难得，分别时更是难舍难分，东风微弱无力，百花凋零残落。春蚕直到死才把丝吐完，蜡烛烧成灰烬后如泪的烛油才滴干。

早晨照镜子梳妆，只忧愁鬓发变白，年华老去，长夜吟诗，应该感到月色清寒。蓬莱山离这儿也不算太远，请青鸟一样的使者经常地替我去看看。

创作背景

这首诗，从头至尾都流露出李商隐痛苦、失望而又缠绵、

唐·阎立本　北齐校书图（局部）（现藏于美国波士顿美术博物馆）

执着的感情。诗中每一句都是这种感情状态的反映，全诗从不同的方面反复表现着作者的复杂感情，同时每句衔接起来又反映了以这种复杂感情为内容的心理过程。

趣味故事

北宋的杨亿、刘筠等人创立了“西昆体”，学习李商隐的诗歌风格。当时有一位演员专门扮演李商隐，穿着破烂的衣服，对别人说：是杨亿、刘筠他们活生生撕破了我的衣服，引起大家的笑声。有人用这个故事来讽刺“西昆体”诗派对李商隐的继承是生吞活剥。

不懂就问：“小李杜”为什么能并称？

“小李杜”是李商隐和杜牧的合称，两人擅长诗、赋、文，

诗的影响最大，区别于盛唐的李白、杜甫，故称“小李杜”。两人是晚唐诗坛上光芒闪烁的明星，均在晚唐已经没落的诗风中添上了瑰丽的色彩。

史海拾贝

黄巢起义后，唐朝的统治基础和经济基础彻底被打破，那些由宦官管理的禁军也损失惨重，宦官和宰相争权夺利日益严重。唐僖宗在末期战乱中死去，弟弟唐昭宗即位。

公元 895 年，李茂贞指使宦官杀死宰相崔绍伟，再次移师长安。唐昭宗在逃往河东去寻求李克用庇护的途中被截回软禁，宦官假传圣旨，说唐昭宗自愿退为太上皇，太子李裕继位，此时的唐朝，已经日落西山。

林杰

乞巧①

七夕今宵看碧霄②，
牵牛织女渡河桥。
家家乞巧望秋月，
穿尽红丝几万条③。

文字注释

① 乞巧：古代节日，在农历七月初七日，又名七夕。
② 碧霄：指浩瀚无际的青天。
③ 几万条：比喻多。

白话译文

七夕晚上，望着浩瀚无际的青天，就好像看见牛郎织女在鹊桥上相会。家家户户都在一边观赏秋月，一边对月穿针，穿过的红线都有几万条了。

作者档案

姓名	林杰，字智周	性格特点	人物印象
生卒时间	831—847	勤奋好学，聪慧过人。	林杰六岁就能写诗，精通书法棋艺，十六岁英年早逝。
籍贯	福建		
身份	晚唐诗人		
文学地位	诗人		
别称	林智周		
名言名句	家家乞巧望秋月，穿尽红丝几万条。		

创作背景

小时候的林杰，对乞巧的美妙传说很感兴趣，他和别人一样，也会仰头观看夜空里灿烂的天河，观看那河两旁耀眼的两颗星，期待看到这两颗星的相聚，于是写下了《乞巧》这首诗。

趣味故事

农历的七月初七，俗称七夕，又称为女儿节。这天，隔着天河的牛郎和织女会在鹊桥上相会，民间活动主要是乞巧，意思是向织女乞求一双巧手，最普遍的方式就是对月穿针，如果线从针孔穿过，就叫得巧。

唐·周昉　挥扇仕女图（局部）（现藏于故宫博物院）

不懂就问：古诗词中常见的思想感情有哪些？

第一种：忧国伤时。主要是揭露统治者的昏庸腐朽，同情老百姓的疾苦，担忧国家前途命运等。

第二种：建功报国。主要是表达建功立业的渴望，保家卫国的决心，抒发报国无门的悲伤，悲叹年华消逝、壮志难酬等。

第三种：思乡怀人。主要是羁旅愁思，思亲念友，边关思乡等。

第四种：生活杂感。主要是寄情山水田园，表达昔胜今衰的感慨，抒发借古讽今的情怀，排解仕途失意的苦闷等。

第五种：长亭送别。主要是表达依依不舍的留念、情深意

长的勉励等。

史海拾贝

唐朝末期，朱温和李克用成为风云人物，争夺天下。朝廷各种派系比比皆是，宰相派得到朱温的大力支持，取得胜利。朱温入宫之后，把宦官都杀了。

公元 904 年，朱温大兵攻陷首都长安，挟持唐昭宗把都城迁到洛阳，之后便将皇帝杀害，立唐昭宗儿子李柷为帝。第二年，朱温开始贬逐朝廷官员，在白马驿将三十多名官员杀死，史称“白马驿之祸”。

罗隐

蜂

不论平地与山尖①，
无限风光②尽被占③。
采④得百花成蜜后，
为谁辛苦为谁甜？

文字注释

① 山尖：山峰。
② 无限风光：极其美好的风景。
③ 占：占有，占据。
④ 采：采取。

白话译文

无论在平原还是在山尖，美丽的春光都被蜜蜂占据。蜜蜂采取百花酿成了蜂蜜，到底为谁辛苦付出，又想让谁品尝香甜？

作者档案

<table>
<tr><td>姓名</td><td>罗隐，字昭谏</td><td>性格特点</td><td>人物印象</td></tr>
<tr><td>生卒时间</td><td>833—910</td><td rowspan="7">胸怀天下，有浩然之气。</td><td rowspan="7">罗隐参加十多次进士考试，一次都没考上，史称“十上不第”。诗作讽刺现实，喜欢用口语，在民间流传广。</td></tr>
<tr><td>籍贯</td><td>杭州新城（今浙江富阳西南）</td></tr>
<tr><td>身份</td><td>晚唐诗人</td></tr>
<tr><td>文学地位</td><td>唐代文学家</td></tr>
<tr><td>别称</td><td>十上不第</td></tr>
<tr><td>名言名句</td><td>采得百花成蜜后，为谁辛苦为谁甜?</td></tr>
</table>

创作背景

罗隐考进士多年都没中第，他对当时的考试制度、朝廷很失望，在这样的情绪下，看见农民在田间地头辛苦劳作，联想到部分朝廷官员不劳而获，产生了愤懑情绪，写了这首讽喻不劳而获者的《蜂》。

趣味故事

罗隐和许多人一样也想借助科举考试踏入仕途，一展宏志。唐大中十二年（858）由江西南康取解，途经江陵拜见丞相白敏中，时为严冬。年底到京师。

唐·李思训　　九成避暑图（现藏于故宫博物院）

大中十三年（859）初开始应进士试，落第后北游同州、夏州等地。

自此罗隐连考了7年都榜上无名，后来又断断续续考了几年，总共考了十多次，虽然屡败屡战，但最终还是铩羽而归，自称“十二三年就试期”，史称“十上不第”，并因此改名隐。

不懂就问：晚唐体诗歌都有什么特征?

晚唐诗歌的风格特征，从题材上看，诗歌的视野由外转内；从情感色调上看，晚唐体多浸染着比较浓厚的感伤、颓废情调；从抒情方式看，晚唐诗人们风格多以婉约深曲见长；从形式上看，晚唐诗歌注重语言、声韵之美。

史海拾贝

本来，朱温想把天下统一之后再称帝的，却因征战失败，在公元907年，逼迫唐哀帝将皇位禅让给他，唐朝从此灭亡。

登上皇位之后，朱温把国号改为梁，史称“后梁”，定都开封。从公元618年到907年，那个曾经万国来朝、版图辽阔的大一统王朝——大唐王朝，伴随着朱温篡唐的行径，宣告灭亡。